"特殊儿童干预与家长心理辅导"丛书

总主编 郑剑虹

特殊儿童
物理干预技术

李清华 / 编著

西南大学出版社
国家一级出版社 全国百佳图书出版单位

图书在版编目(CIP)数据

特殊儿童物理干预技术 / 李清华编著. -- 重庆：西南大学出版社, 2023.6
ISBN 978-7-5697-1845-4

Ⅰ.①特… Ⅱ.①李… Ⅲ.①儿童教育-特殊教育-教育康复 Ⅳ.①G760

中国国家版本馆CIP数据核字(2023)第099398号

特殊儿童物理干预技术
TESHU ERTONG WULI GANYU JISHU

李清华　编著

责任编辑	郑先俐
责任校对	雷　兮
装帧设计	闰江文化
排　　版	夏　洁
出版发行	西南大学出版社(原西南师范大学出版社)
	地址:重庆市北碚区天生路2号
	邮编:400715
	电话:023-68868624
印　　刷	重庆市国丰印务有限责任公司
幅面尺寸	170 mm×240 mm
插　　页	2
印　　张	7.5
字　　数	110千字
版　　次	2023年6月 第1版
印　　次	2023年6月 第1次印刷
书　　号	ISBN 978-7-5697-1845-4
定　　价	38.00元

总序

近年来,包括孤独症在内的特殊儿童受到社会的广泛关注,在学术界,教育学、心理学、社会学、医学、体育学、物理学、化学、生物学等诸多学科的专家学者从各自学科的角度对特殊儿童进行研究,提出了许多具有本学科特点或交叉学科特色的特殊儿童干预技术。特殊儿童研究吸引了社会科学和自然科学等众多学科学者的注意,并日益呈现一种交叉学科研究的特色和趋势。在政府层面,许多政策文件也提到要关爱、帮助和研究这个特殊群体。一方面,这反映了社会的文明进步;另一方面,这也反映了研究特殊儿童这个弱势群体的挑战性。例如,对孤独症等病症的形成原因或机制的探索仍然是世界级的难题,目前所提出的教育干预、心理干预、物理干预、音乐干预、生物医学干预、运动干预、综合干预等各种类型的特殊儿童干预技术并非全部都是基于机理循证或科学实证的。我们认为,循证既可以是基于机理揭示基础上的实践应用证明,也可以是机理未明,但被实践证明有效的。机理揭示是一个基础研究的科学问题,可能需要一个较长的过程,但对于数量日益增加的特殊儿童来说,我们鼓励各种干预技术的实践应用和探索。本丛书所介绍和研究的各种干预技术,有探索性的,也有基于循证的。

此外，强调机理揭示的自然科学研究者也需要关注、理解，甚至接纳社会科学研究者的研究路径与实践探索，以有助于特殊儿童研究的真正文理交叉和融合。

从学科专业与人才培养的角度来看，我国目前与特殊儿童相关的本科专业（即列入《普通高等学校本科专业目录》的专业）有特殊教育、运动康复、教育康复、融合教育和孤独症儿童教育等。这些专业都隶属于教育学这个一级学科或教育学学科门类。目前全国已有80多所高校设立了特殊教育专业，但绝大部分高校的特殊教育专业是在最近10年开设的。从这些专业的课程设置来看，基本上为人文社会科学方面的课程。虽然教育学界或特殊教育学界提出了医教结合，看到了特殊教育学的综合学科性质，但我们还需进一步抱持更加开放的态度，在特殊教育专业的课程设置上更加多元而科学，关注、了解、学习并应用来自包括医学在内的诸多自然科学学科中有关特殊儿童研究的成果、方法、技术和手段，将特殊儿童研究者当作同盟军，并欢迎其进入特殊教育研究领域。

特殊儿童家长群体是一个非常痛苦且受忽略的弱势群体，社会对其所承受的巨大压力和心理健康状况缺乏关注，而特殊儿童家长的心理状态与特殊儿童的干预效果及康复成长有很大关联。因此，我们在决定编写本丛书时，将这两方面的研究结合起来，将丛书取名为"特殊儿童干预与家长心理辅导"，以期引起业界人士和读者对特殊儿童家长群体的关注，也让特殊儿童家长能够注重自身心理健康的维护，并掌握心理压力调适的方法与技巧，进而促进特殊儿童的成长。

本丛书是广东省特殊儿童发展与教育重点实验室的研究成果，也是特殊儿童心理与发展广东省高校创新团队和特殊儿童发展与干预校级重点学科的研究成果，丛书作者均为重点实验室的固定研究人员和兼职人员，他们来自不同的学科专业。广东省特殊儿童发展与教育重点实验室于2019年10月由广东省科技厅立项,是目前全国特殊教育领域唯一的省部级重点实验室(不同于国内若干个省教育厅立项的重点实验室),2020年6月成为岭南师范学院独立建制的二级单位,依托岭南师范学院教育学广东省优势重点学科,整合特殊教育学、心理学、教育技术学、计算机科学与技术、光学工程、材料科学与工程、运动康复等学科力量进行跨学科研究。实验室设有特殊儿童及家长心理与健康研究团队、特殊儿童评估干预与融合教育研究团队、特殊儿童光干预与光电器件研发团队、特殊教育数字化研究团队、特殊儿童近红外光学脑成像与眼动研究团队等。

本丛书首批共6本,分别是《特殊儿童康复游戏理论与实务》《特殊儿童物理干预技术》《特殊儿童问题行为与积极行为支持》《融合教育智力障碍儿童的评估与教学干预》《孤独症儿童家长压力与正念干预》和《特殊儿童家长心理健康与辅导》,涉及教育干预、心理干预、运动干预、物理干预等干预技术以及家长心理健康与压力调适的内容。本丛书的出版得到了西南大学出版社的大力支持和广东省特殊儿童发展与教育重点实验室的资金资助。希望本丛书的出版能够让更多人关注特殊儿童,关注特殊儿童家长,并有更多的年轻人加入特殊儿童研究和特殊教育研究的队伍,促进特殊儿童的成长。当然,因本丛书作者学科训练背景多元、对相关领域的研究不够深入以及对资料的把握不够全面等,书中必然存在疏漏、不妥甚至错误之处,敬请读者和方家批评指正。

郑剑虹

序一

吴武典

当前,中国的特殊教育正在加速、加强发展中,希望在最短时间能够大大改善"不充分、不均衡"的问题,使该有的特殊教育方案或措施,能有尽有、能足尽足、能好尽好。根据我的观察,在千头万绪的特殊教育问题中,当下最热门的议题当数融合教育和孤独症(自闭症)。两者其实也是世界性的话题,融合教育极广大而难致精微,孤独症极复杂而难干预,但我们又不能不面对它、解决它。我们看到,在政策层面已有极大的关注,在实务层面也有许多人献身投入。总的来说,已有相当成果。未来我们仍须继续努力,更上层楼,为了儿童与家长的福祉,使融合教育更接地气、更好落实,使孤独症的问题获得更有效的解决。

在这方面,岭南师范学院已踏出了重要一步。首先,2012年在心理学专业开设特殊教育方向,2013年开办特殊教育专业,采取粤台协同创新培育模式,引进学养俱佳、经验丰富的我国台湾特殊教育高端人才,和本地教师携手合作,共筑特殊教育梦;并在"3.5+0.5"人才培养方案下,让岭南师范学院特殊教育学子有机会到台湾高校研修一个学期的特殊教育专业课程。11年来,已培养了592名合格、优质的特殊教育专业师资,毕业生就业率高达99%,成为广东省特殊教育建设的一支尖兵。

其次，岭南师范学院获批广东省普通高校哲学社会科学重点实验室——特殊儿童心理评估与康复重点实验室（教育厅），2019年获批广东省特殊儿童发展与教育重点实验室（科技厅），进行跨领域特殊教育应用基础研究及特殊儿童光电器件与评估工具开发。现建有康复实训室、情绪与行为干预实验室、自闭症干预实验室等十多个功能实训室和实验室。目前，教学设备约200件（套），还在继续扩充中。此一目前国内特殊教育领域唯一由科技厅立项建设的省级重点实验室，以特殊儿童评估与康复、特殊儿童光干预与信息化服务、特殊儿童心理及其机制研究为主攻方向，四年来科研成果丰硕，在特殊儿童评估量表研制、特殊儿童光仪器研发、特殊儿童及家长心理研究等领域已经取得了显著进展。

欣见在科研之余，岭南师范学院省重点实验室进一步推出了"特殊儿童干预与家长心理辅导"丛书，由实验室主要负责人郑剑虹教授主编，西南大学出版社出版。此套丛书有累积的研究成果报告者，亦有针对融合教育和孤独症问题深入阐述者。全套丛书共有六册，包括《特殊儿童康复游戏理论与实务》《特殊儿童物理干预技术》《特殊儿童问题行为与积极行为支持》《融合教育智力障碍儿童的评估与教学干预》《孤独症儿童家长压力与正念干预》和《特殊儿童家长心理健康与辅导》。丛书作者均为重点实验室的专、兼职研究人员，他们来自不同的学科专业，皆一时之选。我觉得这套丛书很有价值，且深具特色：

第一，为特殊教育服务的主体——特殊儿童及其家长而写，充分掌握了"生本"原则，尤其连接了当前的热门课题——融合教育和孤独症问题，也包括如何在融合教育中对智障儿童进行评估与教学干预。

第二，跨领域学者共同参与、分工合作，充分发挥"团队"精神，满足特殊儿童异质而多元的需求。

第三,应用先进科技和方法帮助特殊儿童及家长,充分适应"求新求变"趋势。例如,应用声干预技术、音乐治疗法、生物反馈技术、经颅磁刺激技术等物理干预技术处理孤独症儿童问题,应用生命故事法和正念干预法促进特殊儿童家长的心理健康,以积极行为支持策略解决特殊儿童的问题行为等。

我有幸先睹为快,获益良多,除热烈祝贺重点实验室团队辛勤耕耘,四年有成外,基于"好东西要与好朋友分享",特在此郑重推介本丛书给大家,请来一起共飨!

吴武典

2023年6月

吴武典:台湾师范大学特殊教育系名誉教授,岭南师范学院特聘教授兼特殊教育系主任。

序二

邓 猛

"特殊儿童干预与家长心理辅导"丛书是广东省特殊儿童发展与教育重点实验室的阶段性研究成果。2019年10月,岭南师范学院郑剑虹教授领衔申报获批广东省特殊儿童发展与教育重点实验室,这是目前国内特殊教育领域唯一由科技厅立项建设的省级重点实验室,也是一个开展交叉科学研究的省级重点实验室。我有幸被聘为该重点实验室学术委员会的副主任委员。三年多来,我参与了三次学术委员会会议,见证了实验室的不断发展壮大,感受到了依托单位岭南师范学院领导对该实验室的高度重视,包括岭南师范学院的主要领导亲自担任重点实验室主任,并在获批立项建设的第二年,将重点实验室独立出来,作为一个人财物独立核算的二级单位进行运行管理,可以说是举全校之力来建设重点实验室。因此,实验室得到了迅速发展,取得了丰硕的成果,并于2023年6月顺利通过了广东省科技厅的验收。

广东省特殊儿童发展与教育重点实验室是在岭南师范学院特殊教育学科和专业多年建设的基础上获批立项的。岭南师范学院是广东省最早开设特殊教育专业的高校之一,2012年岭南师范学院心理学专业招收20名特殊教育方向的本科生，2013年开设特殊教育专业，成立特殊教育系，聘任我国台湾特殊教育著名学者吴武典教授为系主任。我曾多次与吴教授见面交流，并参加该校发起举办的海峡两岸特殊教育高端论坛，也多次到该校授课和讲学，因此，我对该校的特殊教育学科和专业有一定的了解。该校在特殊教育学科和专业建设以及人才培养上有一定的特色，为广东省特殊教育事业的发展做出了贡献，包括与我国台湾高校合作实施"3.5+0.5"（即学生7个学期在大陆学习，一个学期在台湾学习）的本科人才培养模式；在师资方面有多名我国台湾地区特殊教育领域的知名教授全职任教；特殊教育专业本科生培养规模为广东省最大；承担广东省最多的职后培训等。此外，该校拥有广东省科技厅和教育厅立项建设的两个重点实验室，并作为广东省特殊教育教师发展联盟理事长单位。这些都为其研究成果的产出提供了很好的人才基础、平台基础和学科专业建设基础。

由郑剑虹教授主编的"特殊儿童干预与家长心理辅导"丛书集中反映了广东省特殊儿童发展与教育重点实验室在特殊儿童评估与干预研究方向和特殊儿童与家长心理研究方向的最新成果。该丛书首次提出了特殊儿童光干预技术，从特殊儿童光源和光生理基础研究，到研发相关仪器（如特殊儿童光反射辅助筛查仪），到建立特殊儿童光干预实验室进行光干预实验研究，再到开发沉浸式康复训练课程，为特殊儿童光干预技术的最终应用与推广奠定了科学基础。特殊儿童家长是一个长期受到忽视又急需得到帮助的弱势群体，他们的心理健康状况需要得到全社会的关注，该丛书在大样本问卷调查和访谈孤独症儿童、智障儿童和视听障碍儿童家长的基础上，构建了特殊儿童家长心理健康服务体系，成立家长服务中心，采用正念减压疗法、心理传记疗法等技术进行心理辅导与干预实践，具有一定的先导性和创新性。相信该丛书的出版对推动特殊儿童干预技术和特殊儿童家长心理研究与实践具有重要意义。

是为序。

2023年6月

邓猛：华东师范大学教授、博士生导师，融合教育研究院院长；中国残疾人事业发展研究会融合教育专业委员会主任。

前言

特殊群体的研究和教育水平是一个国家文明进步的标志。国家高度重视特殊群体的研究与教育，出台了诸多相关的文件与政策，如《国务院关于加快推进残疾人小康进程的意见》《第二期特殊教育提升计划（2017—2020年）》等。2021年12月31日，国务院办公厅转发了由教育部、国家发展改革委、民政部、财政部、人力资源社会保障部、国家卫生健康委、中国残联制定的《"十四五"特殊教育发展提升行动计划》，要求各地认真贯彻落实。随后，云南、安徽、黑龙江、广东、辽宁、江苏、江西、福建、湖北等省市陆续出台当地的特殊儿童发展提升行动计划，要求应面向传统的特殊群体以及其他有特殊需要的儿童青少年提供支持，鼓励高校、研究机构、企业和社会组织参与，消除教育类型、学科和行业之间的障碍，进一步放大"1+1>2"的优势，以交叉融合的方式加强特殊群体的研究与教育是我国特殊教育发展的新途径。"十四五"期间，势必会在特殊群体研究领域涌现出一批跨学科的研究成果，并实现新突破。这是保障特殊群体权利、增进特殊群体家庭福祉的重要举措，也是进一步提升对特殊群体关爱质量，将特殊群体作为大民生看待的体现。

"早发现、早干预、长期的康复训练"依旧是目前针对特殊群体的最有效预防与治疗手段。目前,从全球范围来看,特殊群体特别是孤独症儿童发病率呈显著增长趋势。特殊儿童的病因和生化异常变化极其复杂,至今尚未完全探明。特殊儿童需要关爱!有效、深入地对特殊群体进行研究与教育已成为当务之急。本书从跨学科的自然科学视角出发,系统地阐述和总结了目前国内外物理学科(如光、声、电、磁、力、热等)在特殊儿童干预技术方面的研究进展。本书通过充分利用特殊儿童的生理和心理敏感特征,开展适合特殊儿童个体差异的特殊物理技术的设计、开发与利用的研究;突破现有特殊儿童教育手段的局限性,为特殊儿童干预提供一种新的模式。这将有助于特殊儿童能力的提升,也为特殊教育提供新的模式和手段,解决特殊儿童干预手段单一、技术陈旧,特别是缺乏客观数据支撑等现实问题。

在特殊儿童光干预方面:国际照明委员会(CIE)已经专门成立了多个技术分部针对非视觉生物效应研究照明技术,研究光照对人体温度、心率、血压及血液中褪黑素含量等变化的影响,研究不同年龄的正常人和病人对照明光源的需求,研究光照对工人的生产效率及对夜班工人身体健康的影响,研究光照对阿尔茨海默病、忧郁症等疾病的治疗作用等,为实际照明设计工作提供参考。目前,国内许多专家学者也认识到这一研究热点的价值及其将给人们生活带来的重大影响。大量研究表明,光不仅影响人类的视觉加工,如辨别物体的颜色、形状与大小等,也可以对机体的生物节律、激素分泌、情绪状态和认知加工等身心功能产生显著影响,后者被称为光的非视觉作用。自21世纪初美国科学家在哺乳动物视网膜上发现存在有别于传统视杆细胞和视锥细胞的第三类感光细胞——内在光敏感神经节细胞以来,非视觉作用的研究受到越来越多学者的关注,其中光源对个体认知的非视觉作用很快成为近年研究的热点。例如:针对特殊儿童认知能力的提升需求来研制特种光源,在光刺激环境下实施特殊儿童认知能力评测的物理干预;通过系统研究有机配体、化学剂量、晶体结构及尺寸等对半导体材料的能带结构的影响规律,研制适合特殊儿童个体差异,安全、高效的新型刺激光源,并利用多种工程心理学认知能力客观测试方法,为特殊儿童提供有针对性的干预训练,开展能力评测,进而提升特殊儿童各方面的能力。

在特殊儿童声干预方面:药物治疗对于特殊儿童特别是孤独症儿童的疗效并不确定,且药物治疗副作用较大。声干预技术运用发声的器物以及人自身的声音,通过共振和声音更好地结合来疗愈身心。例如,柔和的音乐可以减缓心跳,让人平静下来。全身和谐振动使身体与声音相融合,达到和谐的平衡。好的音乐不仅可以消除人们的负面体验,还可以扩大人们的感知范围,让人通过听音乐来改善思维结构。大多数人可以根据这些原则调整生理和心理状态。音乐可以影响人的身心活动,尤其是他们的情感活动。因此,音乐可以用来改善人的生理和心理功能,以达到治疗的目的。

在特殊儿童电磁干预方面:特殊儿童干预的主要目的是减轻症状,改善言语功能,纠正异常行为模式,提高自理能力。现代电子技术、计算机技术和生物医学项目的快速发展,极大地促进了神经生理学的研究。然而,精神疾病有其自身的特点，其中大多数精神疾病无法解释，也没有具体的客观诊断依据。神经生理学可以提供快速、客观和有价值的诊断和控制治疗。脑电图、诱发电位、颅内磁刺激等已经广泛运用到诊断和治疗中，这对于确定病因，诊断、识别、治疗和预防疾病至关重要，为孤独症的诊治和预后评估提供了新思路和新方向。

在特殊儿童力热干预方面：智力残疾、孤独症等类型的特殊儿童，由于神经系统发育异常造成感知觉的失调，对身体的控制能力较差，容易出现注意力无法集中、大脑和肢体的配合度不高等现象。他们在生活中会面临许多挑战，如与人沟通没有眼神交流、无法长时间安坐、手部操作技能较差、四肢协调能力差等。这直接限制了特殊儿童参与大众游戏和日常活动，对其未来自身心理建设的能力和运动技能的发展产生消极作用。幼儿期是个体生理、心理发展的高峰期，在这一时期进行力量训练，提高感统能力，有助于提高特殊儿童的自理能力和对外界的感知水平，可有效改善其精神状态，提高其生活质量，使其未来能更好地融入社会，对特殊儿童身心健康发展有着显著影响。在特殊教育中，综合运用运动学、神经科学、心理学等多学科的系统研究成果，针对特殊儿童的临床表现制定相应的干预方案，必会取得更大的效果。比如，热补针法、泥-热疗法以及中药热水浴等手段结合康复训练，在缓解脑瘫患儿肌张力、恢复其肢体基本功能、改善其运动功能等方面具有独特的优势，可作为对脑瘫患儿进行药物治疗、手术治疗的主要辅助手段。

可以想象，物理技术深度切入特殊儿童的研究与教育，对光学、材料学、工程心理学和特殊教育学等文、理、工相关学科的跨学科交叉融合与发展具有重要的研究意义，对关爱特殊群体、发展特殊教育具有重要意义，也符合以人为本的理念。

本书仅列举与总结了目前国内外关于特殊儿童物理干预的相关技术，物理学科对特殊儿童的影响及在特殊儿童干预中的应用还涉及特殊儿童新型教辅具的研发、特殊儿童的转衔安置、特殊儿童评估技术的革新、特殊儿童诊断技术的变革等诸多方面，鉴于篇幅限制，本书就不一一介绍。

最后，感谢参与本书撰写工作的岭南师范学院广东省特殊儿童发展与教育重点实验室王邓博士、刘旭萍博士、徐兵博士、杨健博士、金肖博士、李栋宇博士，华侨大学李文静博士和深圳元平特殊教育学校沈光银博士。

李清华

目 录

第一章 绪论……001

第二章 特殊儿童光干预技术……009

2.1 引言……011

2.2 光的分类……012

2.3 特殊儿童的特征……013

2.4 光环境分析……015

2.5 特殊儿童对光环境的需求……021

2.6 特殊儿童的环境光偏好……024

2.7 光刺激生成褪黑素对特殊儿童的影响……028

2.8 视觉刺激对特殊儿童的影响……030

2.9 本章小结与展望……032

第三章 特殊儿童声干预技术……037

3.1 引言……039

3.2 声干预技术的工作原理……039

3.3 声干预技术在孤独症儿童领域的应用……040

3.4 音乐治疗对孤独症儿童生理和心理活动的影响……047

3.5 本章小结与展望……052

第四章 特殊儿童电磁干预技术……055

4.1 引言……057

4.2 生物反馈疗法在特殊儿童领域的应用……059

4.3 经颅磁刺激疗法在特殊儿童领域的应用……067

4.4 经皮神经电刺激疗法在特殊儿童领域的应用……071

4.5 本章小结与展望……075

第五章 特殊儿童力热干预技术……079

5.1 引言……081

5.2 力学手段干预特殊儿童核心症状……082

5.3 热学手段干预脑瘫儿童核心症状……090

5.4 本章小结与展望……092

第一章 绪论

2021年12月31日,国务院办公厅转发了由教育部、国家发展改革委、民政部、财政部、人力资源社会保障部、国家卫生健康委、中国残联联合制定的《"十四五"特殊教育发展提升行动计划》。该计划指出,我国特殊教育主要是面向视力、听力、言语、肢体、智力、精神、多重残疾以及其他有特殊需要的儿童青少年提供的教育。其指导思想为:以习近平新时代中国特色社会主义思想为指导,深入贯彻落实党的十九大和十九届历次全会精神,全面贯彻党的教育方针,落实立德树人根本任务,遵循特殊教育规律,以适宜融合为目标,按照拓展学段服务、推进融合教育、提升支撑能力的基本思路,加快健全特殊教育体系,不断完善特殊教育保障机制,全面提高特殊教育质量,促进残疾儿童青少年自尊、自信、自强、自立,实现最大限度的发展,切实增强残疾儿童青少年家庭福祉,努力使残疾儿童青少年成长为国家有用之才。

从发展心理学来看,发展是指个体从受孕到死亡的过程中所经历的连续性和系统性的变化,反映了生物成熟和学习对个体的影响。其中,连续性是指个体自身保持跨时间的稳定性或是对过去反映的连续性;而系统性则是有序的、模式化且相对持久的特征。[1]发展心理学家们通常将这种变化过程分为生理发展、认知发展和心理社会性发展三个范畴。生理发展(physical development)是个体身体和脑的发育、感觉能力、运动技能和健康状况等方面稳定性的变化过程;认知发展(cognitive development)是指智力(包括学习、注意、记忆、语言、思维、推理和创造等)上稳定性的变化过程;心理社会性发展（psychosocial development）是指情绪、人格和社会关系等方面的稳定性的变化过程。[2]

对于特殊儿童而言，正是由于他们各种类型的身心障碍导致其在生理发展、认知发展和心理社会性发展等方面有"特殊教育需求"。为了保障特殊儿童的基本人权，《儿童权利公约》中明确提出："身心有残疾的儿童应能在确保其尊严、促进其自立、有利于其积极参与社会生活的条件下享有充实而适当的生活。"《塞拉曼加教育权利宣言》中明确提出：每个儿童都有最基本的接受教育的权利，残疾或有学习障碍的儿童需要接受特殊教育。《残疾人机会均等标准规则》中认为，要"确保残疾儿童、青少年和成人在完整的教育系统中与一般民众平等地接受小学、中学及进阶教育"。《残疾人权利公约》中强调对残疾幼儿、学前儿童进行早期干预和特别关注的重要性，"残疾儿童在与其他儿童平等的基础上，充分享有一切人权和基本自由"。

正是基于以上国际相关残疾人权利保护公约或宣言对运用标准化的残疾数据监测与评估政策实施结果与质量的需要，世界卫生组织（World Health Organization，WHO）于2001年5月在第54届世界卫生大会上颁布了《国际功能、残疾和健康分类》（International Classification of Functioning, Disability and Health，ICF），将其作为残疾政策制定和残疾统计的标准，以此分析残疾人的功能状况及其需求，并依据残疾数据提供服务，从而满足残疾人在健康、康复与社会发展等方面的需求。[3][4][5]

相较于传统的《国际疾病分类》（International Classification of Diseases，ICD），ICF突破了单纯以"疾病及其结局归属"为框架的分类方法，不再简单地遵循以病因、部位、病理、临床表现为轴心的生物学分类系统，而是采用以"健康及其成分"为体系的分类方法。它以健康状态为标准，提供了能统一且标准地反映与个体健康有关的功能和失能状态的分类指标。[6]ICF认为，健康是个体能够完成全部生活的一种功能状态,这种功能状态依据生物—心理—社会交互模式分为身体功能与结构、活动和参与三种能力,健康代表着这些能力都正常,当有一者或多者存在受限或受损时即为残疾。[7][8]（如图1-1所示）

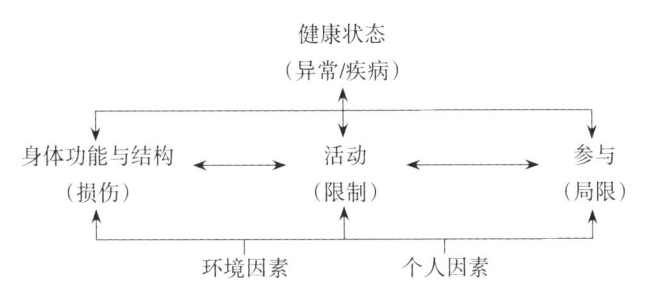

图1-1 ICF的生物—心理—社会交互模式

ICF是关于健康和与健康有关状况的分类系统,其目的是为认识和研究健康和与健康有关的状况、结果以及它们的决定因素提供科学基础,为教育、医疗、康复等研究工作提供共同的、科学的分类依据。ICF认为,对个体的评估需要从身体功能与结构、活动、参与和背景因素（环境因素和个人因素）四个方面进行。其中,功能是个体及其所处背景因素间的有效交互作用,人类对健康的体验取决于多种功能以及功能之间的相互作用关系;[9][10]每个身体系统与功能都对应着各种活动的机能,活动是个体的活动能力的表现;参与代表着功能的社会方面,即个体投入到一种生活情境中;背景因素是指那些构成人们生活和指导人们生活的物理、社会和态度环境,包括个体生活和生存的全部背景。[11][12]鉴于此,相对于身体功能与结构损伤,残疾是个体活动受限和社会参与局限的一个概括性术语,表示个体（有某种健康情况）与其所处的背景因素之间交互作用的消极方面。[13]

综上所述,ICF在身体功能与结构、活动、参与方面的评估内容恰好与发展心理学中生理发展、认知发展和心理社会性发展相对应,这为以特殊儿童发展为目标的教育康复与评估提供了相应的基础理论和干预思路。当前，对特殊儿童的干预应用较多的是医学和运动学的方法，ICF的基本理论为特殊儿童的康复训练又提供了一条科学的道路。

个体的功能状态是健康状况与背景因素相互作用的结果，干预一个项目就可能产生一个或多个项目的改变。[7]从促进生理发展以提升身体功能与结构上来说，光干预技术可以通过自然光的照射帮助特殊儿童获取维生素D，以促进其骨骼健康发展，通过蓝光、绿光的应用帮助孤独症儿童改善自我封闭状态；声干预技术可以通过奥尔夫音乐疗法训练特殊儿童手、眼、耳和其他身体器官的协调能力，通过体感音乐疗法缓解肢体痉挛症状，实现对突触、神经纤维和神经元的激活来促进个体的生理活动；电磁干预技术可以通过肌电生物反馈疗法促进特殊儿童的大脑中枢逐步恢复对瘫痪肌肉的控制，提高其自主运动的能力，从而达到恢复运动功能的目的。

从促进认知发展以提升活动能力上来说，光干预技术可以通过营造适宜的室内光环境以提升特殊儿童在感知、学习与记忆、思维、表达等方面的能力；声干预技术可以通过神经音乐治疗从感觉运动领域、言语/语言领域和认知领域开展音乐治疗，以改善特殊儿童的认知功能；力热干预技术可以通过力量训练、动作技能训练实现对特殊儿童动作行为、感觉运动整合等方面功能的干预。

残疾是一个变化发展的过程，是人与其环境相互作用的结果，环境因素对个人参与能力和活动能力有重要影响。[5]从促进心理社会性发展以提升参与能力上来说，光干预技术可以通过学习光、生活光、安全光环境的营造，创造个性化的学习和生活光环境，以满足特殊儿童对安全和舒适的需求；电磁干预技术可以通过经颅磁刺激疗法经由作用于大脑中枢神经系统的脉冲磁场，改变大脑皮层神经细胞的膜电位，对脑内代谢和神经电活动进行正向影响,以引发一系列生理、生化反应,从而实现对孤独症儿童依恋、睡眠等状况的改善。《世界残疾报告》指出,残疾不仅是个人健康状况的损伤,更是个体与环境相互作用下的消极结果所致的活动受限及参与局限。物理干预技术不仅可以从生活环境上,更可以从生理环境上,促进特殊儿童心理社会性发展,增强其社会活动的参与能力。

人类的发展是一个持续的、累积的过程,这种过程是整体的、极具可塑性的,并受到历史和文化背景的重要影响。[2]特殊儿童由于各种类型的残疾导致了身体功能与结构的残损(impairment)、认知功能的失能(disability)和社会参与的残障(handicap),物理干预技术的发展为特殊儿童的康复教育提供了一条前沿、科学的道路。本书依据ICF的生物—心理—社会交互模式,围绕特殊儿童的生理发展、认知发展和心理社会性发展三个范畴,从特殊儿童光干预技术、声干预技术、电磁干预技术、力热干预技术四个领域介绍了相关的康复训练技术与方法,为特殊儿童干预训练提供了一个新的学科视角和实践路径,为特殊教育高质量发展指出了一条新的道路。

参考文献

[1] David R. Shaffer & Katherine Kipp.发展心理学(第九版)[M].邹泓,等译.北京:中国轻工业出版社,2016:3-34.

[2] 黛安娜·帕帕拉,萨莉·奥尔兹,露丝·菲尔德曼.发展心理学——从生命早期到青春期(第10版·上册)[M].李西营,等译.北京:人民邮电出版社,2013:11-12.

[3] 李安巧,邱卓英,吴弦光,等.康复2030:国际康复发展状况与行动呼吁[J].中国康复理论与实践,2017,23(4):379.

[4] 邱卓英,陈迪.发展卫生保健和康复服务,增进残疾人健康——学习

《世卫组织2014—2021年全球残疾问题行动计划:增进所有残疾人的健康》[J].中国康复理论与实践,2014,20(7):611-615.

[5]邱卓英,李安巧,黄珂,等.基于ICF和联合国《残疾人权利公约》对国际组织有关残疾定义及其测量的内容研究[J].中国康复理论与实践,2018,24(10):1117-1121.

[6]燕铁斌,章马兰,于佳妮,等.国际功能、残疾和健康分类(ICF)专家共识[J].中国康复医学杂志,2021,36(1):4-9.

[7]王宁华.康复医学概论[M].北京:人民卫生出版社,2008:28,48.

[8]黄跃红.视障人士出行技能训练与指导[M].北京:求真出版社,2020:1-2.

[9] WHO. How to Use the ICF: A Practical Manual for Using the International Classification of Functioning, Disability and Health (ICF). Exposure Draft for Comment[R]. Geneva: WHO, 2013.

[10]江钟立.脑高级功能的网络观与康复实践[J].中国康复医学杂志,2008,23(4):289-290.

[11]邱卓英,李沁燚,陈迪,等.ICF-CY理论架构、方法、分类体系及其应用[J].中国康复理论与实践,2014,20(1):1-5.

[12]何侃,胡仲明.ICF理念下我国残疾人服务体系建设的趋向分析[J].残疾人研究,2011,(4):35-40.

[13]朴永馨.特殊教育辞典(第二版)[M].北京:华夏出版社,2006.

第二章

特殊儿童 光干预技术

2.1 引言

在现代化经济体系建设以及全面实施科教兴国战略的背景下,党和国家一直高度重视保障和改善民生,优先发展教育,尤其是办好基础教育,力求让每个孩子(包括特殊儿童)受到公平而有质量的教育。随着特殊儿童数量的持续增加,有关这类群体如何接受公平而有质量的教育等相关问题越来越受到社会的重视。对特殊群体的研究以及提升他们的教育水平成为一个国家文明进步的重要标志之一。研究表明,特殊儿童发病率在全球范围内呈显著增长趋势。2021年12月3日,美国疾病控制与预防中心(CDC)发布的孤独症患病率报告指出,每44个美国儿童中就有1个或2.27%的8岁儿童患有孤独症,这比上一年增加了23%(上一年是1.85%)(如图2-1)。

不少特殊儿童的发病原因在医学界至今尚未完全探明,治愈方法的研究更是进展缓慢。目前公认特殊儿童存在两大障碍:认知障碍和交际障碍。越来越多的研究证实,超过一半的孤独症患儿具有光敏感性。在识别图卡测试中,面对过分鲜艳的色彩,大多数特殊儿童会产生视觉疲劳和情绪波动;而当向他们展示蓝色或绿色等冷色时,他们则没有表现出明显的情绪波动。在图卡设计过程中,我们可以更改字体的形状或大小,以创建不同的视觉效果,吸引特殊儿童的注意力。对比研究显示,未患病的儿童对橙色、红色等比较鲜艳的颜色更为喜欢,而孤独症儿童则对蓝、绿、黑、棕等颜色更为喜欢。由此可见,对于孤独症儿童来说,冷色可以促进其心理平衡,而且,科学研究也显示,孤独症儿童偏爱冷色。在日常生活中,家庭或教育机构需要为特殊儿童提供舒适的生理、生活、学习和安全的光环境。

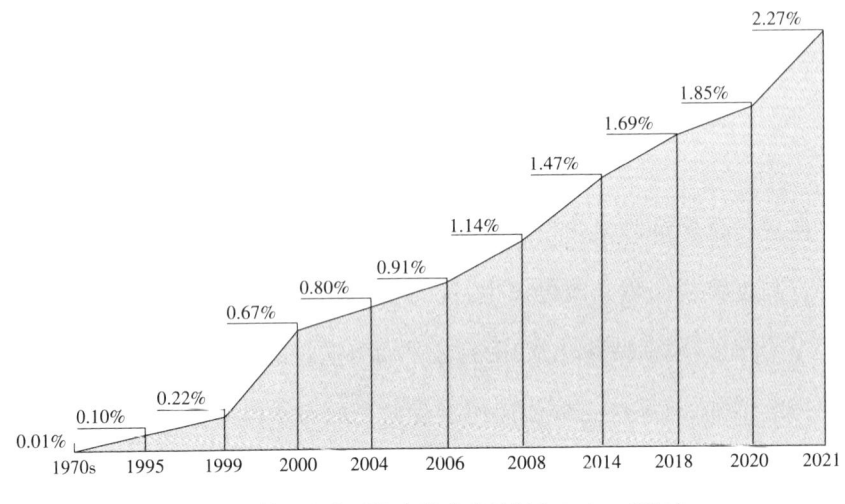

图2-1 美国儿童孤独症发病率统计(1970s—2021)

2.2 光的分类

一般来说,光可分为自然光和人造光两种类型。

(1)自然光:自然光是指在自然界中自然形成的、未经人工作用的光源。自然光也被称为"可见光",一般由七种颜色组成(如插图1),分别是红、橙、黄、绿、蓝、靛、紫。[1]通常所说的自然光是指太阳光,太阳光是可再生资源,不仅具有杀菌消毒的作用,还可以有效调节空气干湿度,提高人类的舒适度。太阳光不仅是日光温室的主要能量来源,也是植物光合作用的光源,对人类的日常生活生产起着至关重要的作用。[2]

(2)人造光:人造光是指人类通过使用一定的仪器或设备所产生的光源（如插图2），也即从不同角度或以不同光源对物体进行照明的光，也就是立体照明的光。运用合成人造光进行照明可以使物体显得有立体感、反映物体的真实特征或造成特殊效果。人造光合成需要物理、化学和材料等多个学科紧密配合。光的颜色、强度和位置可以随时手动更改，来营造出不同的光照环境是人造光的最大特点。

2.3 特殊儿童的特征

特殊儿童是指在生理、心理和智力方面与普通儿童不同的，有特殊教育需求的儿童。特殊儿童一般具有如下特征：

(1)难以与人建立联系；

(2)言语获得迟缓，即使获得了也无使用能力；

(3)重复和刻板的行为；

(4)缺乏想象；

(5)机械记忆良好；

(6)强迫性坚持千篇一律的日常琐事；

(7)身体外表正常。

特殊儿童的特殊教育需求包括特殊的教育环境、特殊的教育方式、受过特殊教育训练的教育者和特定的教学手段等。因为特殊儿童在正常教育环境下无法发挥最大的潜能，必须借助特殊方法，才能有最大的发展。[3]

特殊教育领域的学者依据不同的分类方式对特殊儿童进行了划分，所划分出的种类及数量也有所不同。大多数研究人员从儿童发展的角度总结了几个主要类别，其特征是具有综合性。例如，陈云英将特殊儿童分为视力障碍儿童、听力障碍儿童、发育障碍儿童（主要是智力障碍、学习障碍和孤独症儿童）和能力异常儿童。周兢将特殊儿童分为认知发育障碍儿童、身体发育障碍儿童、言语发育障碍儿童、情绪行为障碍儿童和能力超常儿童。雷江华从特殊儿童作为自然人与社会人生存与发展的条件异常的角度，将其综合划分为生理发展障碍儿童、智力异常儿童、语言发展障碍儿童和广泛性发育障碍儿童。生理发展障碍儿童即特殊儿童作为自然人在生存的生命活动和感官上存在障碍，是指生物的生命活动和体内各器官的机能异于正常水平，主要包括视听力障碍、肢体障碍以及身体病弱儿童。智力异常儿童主要包括智力正态分布两端的儿童，即智力超常儿童和智力落后儿童。智力超常儿童主要是指智商超过130的儿童或在其他方面表现出特殊才能的儿童。智力落后儿童主要是指这些儿童个体在发育期内的智力水平明显低于平均水平，从而导致其适应行为的缺陷；按智力落后的程度一般可划分为极重度、重度、中度和轻度四类。语言发展障碍是由于各种原因，无法与普通人交谈或交流。语言发展障碍儿童是指在发展过程中，其语言理解能力或语言表达能力与同龄者相比较而言，存在显著的偏差或迟缓而导致沟通困难的儿童。它包括构音异常、流畅度异常、发音异常、语言发展异常等类别的儿童。广泛性发育障碍是指儿童在早期患有全面性精神障碍，这在诸如语言和非语言障碍、有限的兴趣和活动、陈规定型和重复等人际交往和交流形式中尤为明显。这类儿童的各种功能和活动都具有广泛性质的异常特征。它主要包括儿童多动症、孤独症、童年瓦解性精神障碍、Rett综合征、Asperger综合征等。[4]

孤独症有生物学和心理学的影响因素。其中，心理因素在孤独症儿童的干预中起着基础性和决定性的作用。[5]大多数孤独症儿童喜欢独处,拒绝与人接触,但内心世界十分丰富。受理解能力与表达方法的限制,他们对事物往往会产生不同寻常的理解,在与事物接触时流露出的情感也异于常人。由于语言方面固有的困难,他们无法通过语言与他人交流,这也是孤独症儿童和一般儿童之间的主要区别。孤独症儿童在视觉搜索、视觉空间构建、视觉区分等方面具有优势。他们需要更多的视觉刺激提示来引导他们去做一些事情,视觉已经成为孤独症儿童获得信息的最重要方式,视觉干预能显著提高干预效果。光对孤独症儿童心理的影响包括视觉、情绪、认知和行为等方面,光的视觉干预可以提高孤独症儿童的认知能力和行为能力。

2.4 光环境分析

相较于正常儿童,特殊儿童更需要处于舒适、合理的光环境中。[6]研究表明,长期暴露在光线不足、眩光等环境下会导致特殊儿童眼睛疲劳、抑郁、易怒和注意力分散。孤独症儿童在辨别微小差异的形状或颜色时存在困难,良好的照明环境有助于提高他们的辨别水平。在设计孤独症儿童的环境空间时,缺乏对孤独症儿童负面影响因素的最佳理解,导致光被墙壁反射或折叠,以及室内照明不足或过度等,会使孤独症儿童在光线不良的环境中更容易发生情绪波动。因此,家长需要为孤独症儿童营造良好的家庭照明环境,为其提供充足、明亮和均匀的照明,以便孤独症儿童能够有效地、专注地学习和恢复。

2.4.1 光环境对人眼功能的影响

人眼可见光波长范围在 380 nm 到 780 nm 范围内。[7]在这个范围内,人眼对辐射有选择性地进行反应。由于外部辐射光谱的组成不同,人眼对颜色有不同的感知。人眼不仅能感受到外界刺激造成的明暗差异,还能感受到颜色的丰富和变化。人眼对明暗的感觉对视觉效果起着重要作用。各个领域对人眼视觉效果的研究主要集中在非颜色条件下的明暗刺激(光谱灵敏度)上。就视觉机制而言,颜色刺激是视觉感知的一部分(如图2-2)。

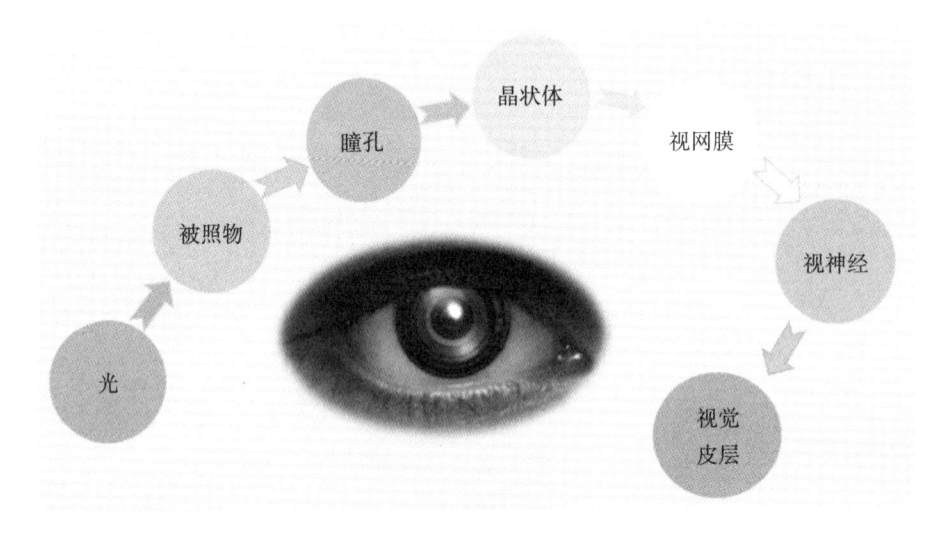

图 2-2 人眼视觉感知机制

人眼作为一种重要的光感受器,对外界光环境有很强的敏感性。光源光参数不同,对人眼的刺激情况也存在很大的差异。光源光参数以照度、色温、频闪为主。为了更好地了解和把握光环境对人眼功能产生的影响,相关人员科学地分析和判断人眼功能在不同光源条件下表现的各种状态,在此基础上,根据屈光、光学传递函数等参数,采用问卷调查的方式,科学划分视觉健康舒适度评价体系。然后,利用神经网络算法,采用实验的方式,获得真实、准确的视觉指标参数。在这一过程中,首先,相关人员要随机抽选出六项客观参数,并将其输入网络体系,同时根据实验测试结果,将用户的主观评价作为网络输出层。其次,用凑试法精确计算并确定网络节点数量,再根据神经网络的特点,采用多次训练的方式,精确计算并统计神经网络误差值。最后,通过构建神经网络节点模型,提高模型的模拟效果和逼近效果,这样才能成功找出视觉指标与健康舒适度之间的联系,从而制定光环境健康舒适度评价体系。

对外界光线的感知进行干预,使眼球发育受视觉环境的调控,图像不能聚焦在视网膜上,[8]导致视觉系统无法产生清晰的图像,缺乏相应的视觉反馈,可能导致眼睛疲劳和近视。自从人造光源发明以来,人们生活中的照明发生了很大变化。为了生存,人眼必须适应新的光环境。几项研究表明,室内照明中人造光源的光谱与自然光源的光谱不同,这可能会影响眼睛屈光的发展。徐伟和其他研究人员的研究表明,新疆伊犁哈萨克自治州牧区哈萨克族人的视力素质高于伊犁哈萨克族城市居民。哈萨克族城市居民的照明主要由室内荧光灯组成,牧区哈萨克族人主要在户外工作和生活,大多数哈萨克族城市居民比牧羊人接受更长时间的人造光。研究显示,光照的昼夜变化对屈光发育存在影响,外界光线的不规律昼夜变化导致近视的发生。[9][10]

不同的光环境对生物节律的波动也有影响。生物钟可由时间因素触发,以建立与外部时钟对应的内部节奏。以外部时钟为触发点,外部时钟成为"时间因子"。当时间因子变得有效时,内部时钟会相应地调整,以改变生物节律的平衡。改变生物钟周期有两种方法:一种是调整时钟的速度,另一种是设置一天中的时间来模拟时钟。光照在生物钟调节中起着非常重要的作用,不同时期的光照会令相位提前或延迟,[11]相位的变化取决于光脉冲的调整时间。哺乳动物的相位曲线表明,在白天的光照条件下,相位相对稳定;在夜晚的光照条件下,会出现相位延迟;在凌晨时期则会出现相位前移。身体的许多生理功能表现为昼夜节律的变化,如体温的变化、夜间睡眠的规律和体内激素的分泌。内部和外部因素,如气候和环境温度变化,扰乱了物理和自然循环,导致生物钟发生变化。眼压作为维持眼球形态、保持眼部正常生理功能的重要条件,一样具有节律波动性。眼压波动的节律主要受昼夜波动、月经周期(女性)、气温、精神情绪等方面的影响。柏玉洁等的实验研究结果显示,光环境可以改变动物眼压的相位,对峰值、谷值等都有明显影响。

2.4.2 光环境对视网膜细胞的影响

视网膜损伤的主要原因有机械损伤、热损伤和光化学损伤。机械损伤是指当局部组织在短时间内受到强光刺激时发生的即时组织损伤。热损伤是指各种蛋白质成分在高能量吸收和热转换后分解所造成的组织损伤。光化学损伤是指长期低能量辐射引起的视网膜损伤,导致视网膜组织病理改变。[12]人类视网膜光受体包括视锥细胞和干细胞,它们是面部细胞的重要组成部分,对视觉观察高度敏感,在视觉观察中起主导作用。

视网膜是人体接受光能的重要器官,一旦光线亮度、光照时间等相关光参数远远超过了视网膜的最大承受力,将会造成人体视网膜受损,直至人失明。目前,比较常见的眼科疾病以黄斑变性眼疾为主。出现这一眼疾的主要原因是人们长期处于不舒适的光环境下,导致人体视网膜上皮细胞组织出现严重损伤。随着发光二极管的不断发展和普及,其被广泛地应用于

LED光源制作中,并逐渐成为人们生活中常见的照明光源,但这种光源对人的视觉可能造成损伤。相关研究表明,LED光源对人视觉造成的损伤以光化学损伤为主。

通常情况下,光感受器作为神经视网膜的重要组成部分,很容易出现受损现象,因此相关人员在构建光化学损伤模型的过程中,要利用光感受器细胞,科学评价光环境的健康舒适度。为了有效地培养光感受器细胞,相关人员可以采用体外培养的方式,完成对小鼠光感受器、细胞组织的科学培养,然后利用免疫染色体验证和分析光感受器细胞组织的特性与功能,为后期科学分析光环境对人体视网膜的影响提供重要的依据和参考。[13]

2.4.3 光环境对脑力认知负荷的影响

室内光环境对人体脑力认知负荷的影响主要体现在工作效率、工作实效性、反应灵敏度等指标的一系列变化中。通常情况下,在室内光环境下,人们受人脑神经元(见图2-3)的影响会产生以下反应:(1)出现主观感觉,这种感觉通常是人们在情感方面的内心感受,如工作积极性提高或者降低;(2)出现一系列的生理反应,如心跳加快;(3)影响信息认知加工。由此,研究人员可以通过主观感受、生理反应、信息认知三方面科学分析和判断室内光环境对人们工作效率产生的一系列影响。这三个方面看似孤立存在、毫无联系,但实质上是相互影响的。例如,人们的主观感受会产生相应的生理反应。有效结合这三个方面,可以形成一个系统、完善的反应过程,对人们的工作效率和效果产生直接影响。

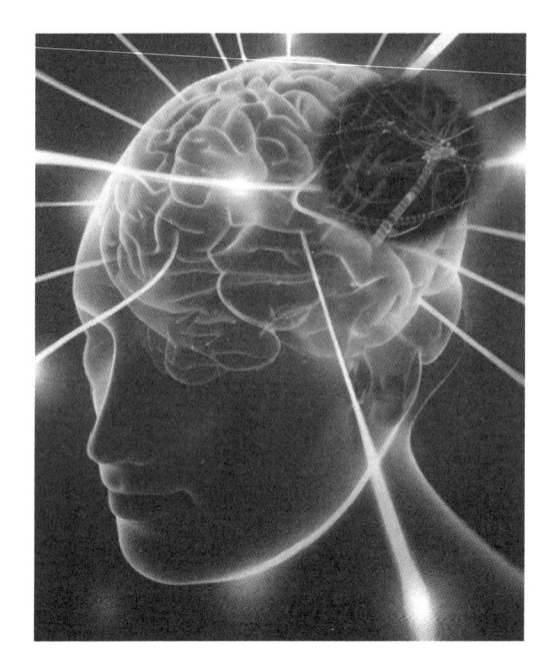

图 2-3　人脑神经元

相关人员可以根据室内光环境质量，有针对性地制定室内光环境对人们工作效率的影响机制模型，模型能形象、直观地展示人们工作效率系统化框架。应用该模型，相关人员可以根据人们主观感知反应情况，科学分析和判断光环境质量、人们工作积极性等内容。此外，相关人员还要重视对人们生理的精确测量，并根据最终的测量结果，从人体调节功能、身心健康状态等环节出发，提高信息加工的科学性和合理性，以达到提高人们工作效率和效果的目的。

认知作为一种复杂化系统，可以直观地反映人们的心理变化情况。认知过程主要包括信息数据接收、信息数据解释、信息数据组织、信息数据提取等环节。认知功能主要是指人们的认知成分在获取和应用知识方面产生的影响和作用。以信息数据加工过程为依据，可以将认知划分为以下四种类型。

（1）感知。感知主要是指人脑对外界事物产生的一系列反应，这些外界事物能够对人体感觉器官产生一种直接性的作用和影响，如信息数据选择、信息数据获取、信息数据归类、信息数据整合等。其中，视知觉是人体重要的信息来源渠道。

（2）学习与记忆。记忆主要有两种类型：一种是短期记忆，另一种是长期记忆。短期记忆主要是指信息数据在人体大脑中短暂性存储。长期记忆主要是指信息数据经过充分加工，在人脑中长久保持。

（3）思维。思维作为认知的高级方式，主要是指利用人们大脑中存储的知识，科学评价客观事物。

（4）表达能力。表达能力主要是指顺畅流利地表达人体大脑加工处理后的信息数据的能力，如工作总结、报告写作、语言交流等。

总之，不同的认知能力对应的行为活动存在一定的差异，因此在分析和解决实际生活问题时，相关人员要学会利用不同的认知能力，满足行为活动的多样化需求。

2.5 特殊儿童对光环境的需求

2.5.1 生理光环境需求

一方面，自然光可以帮助人们合成维生素D，促进特殊儿童的骨骼发育，预防特殊儿童骨骼方面的疾病；另一方面，通过改变光的明暗性质，人们可以清楚地划定满足基本生理需求的区域。充足的自然光不仅提高了特殊儿童的抵抗力,还帮助特殊儿童保持房间干燥,帮助特殊儿童形成一个健康、智能的生物钟。特殊儿童的行为表明他们经常是被动和封闭的。为了改善这种慢性消极和自我隔离的状况,特殊儿童可以被放在充满自然光的房间里。特殊儿童倾向于自我封闭,不仅需要医务人员和家庭成员提供康复护理,还需要照明来帮助其提高认知水平。良好的照明可以激发特殊儿童对周围环境的兴趣,从而促进他们的身心发展。

2.5.2 安全光环境需求

事故可能会发生在室内,如跌倒、碰撞等。除了选择合适的装修材料和家具等外,还应注意使用适当的照明工具。良好的照明可以有效地提高室内的安全性。光线不好会影响人们判断事物的能力,尤其是在晚上。虽然大部分儿童晚间睡眠质量比较好,但难免会有起夜现象。夜间照明不足可能会导致儿童缺乏对危险的判断,从而影响儿童的夜间安全。室内使用过强或过弱的照明,容易影响儿童的视力,还会刺激孤独症儿童,使其情绪难以控制。住宅空间中应采用具有过渡作用且柔和的光照(如插图3),避免强烈刺激的、容易激化情绪的光照。室内灯的选用不仅要严格按照国家标准,还要考虑是否会危害孤独症儿童的身心健康。装修完房间之后,监护者应当仔细排查室内的光照强度,避免存在威胁儿童身体健康的因素。

紫外线灯光具有消灭细菌、保持清洁的功能。紫外线杀菌灯可以安装在卫生间水槽、洗漱台、马桶附近,可以有效杀灭细菌,为孤独症儿童提供舒适健康的卫浴环境(如插图4)。

2.5.3 学习光环境需求

学习对于所有人的生存至关重要,尤其是成长中的儿童。特殊儿童在认知和沟通方面与普通儿童有很大不同,特殊儿童大都存在一定的认知障碍或者交流障碍,他们无法与他人正常沟通,需要教师花费更多的时间和精力去探索更适合这类学生的教学方式。特殊儿童的认知和沟通能力差,学习对他们来说难度相对较大。[14]为了保证教学效果,教师可以在生活情境中融入教学内容,通过趣味性的内容,调动学生的学习积极性。在对特殊儿童进行康复训练的过程中,不仅要将特殊儿童的互动与学习融入生活情境,还应避免光环境的缺失或不足影响特殊儿童的康复与学习。

2.5.4 生活光环境需求

生活是人类生存和发展的活动,人类的所有行为都是为了追求幸福的生活。在日常生活中,若忽视住宅的户型或光线,为特殊儿童提供光线不足的房间,忽视他们对明亮环境的需求,会导致近视、跌撞和不愿交流等现象,也会导致生活幸福感降低。我们可以利用人造光来改善儿童房的光照环境。明亮的光源可以提供高质量的照明,有效提高室内亮度的均匀性并避免眩光,从而在一定程度上保护特殊儿童的视力。在选择床头灯时,避免使用过度明亮的灯,并考虑灯的遮光效果,以减少光源对眼睛的刺激。设计灯具开关时应考虑特殊儿童的身高,便于儿童开关灯。总之,生活空间应提供安全、方便、舒适和合理的照明,以满足特殊儿童对照明环境的需求。

2.5.5 定制化光环境需求

定制化需求是指基于个人意愿和偏好的个性化设计,反映个人对环境服务的需求。室内照明的设计和使用应考虑特殊儿童的需求。开关位置高度、照明光线颜色等都要符合特殊儿童的定制化需求,以满足生活空间的照明要求。定制光源如插图5所示。

特殊儿童虽然长期处于自我封闭状态,但同样有个人定制化的需求,自我喜好需求需要被满足。大部分特殊儿童喜欢绘画,我们可以将其绘画作品悬挂在他们的居住环境内,一方面能对特殊儿童居住环境起艺术装饰作用,另一方面也是对特殊儿童的肯定,这对促进特殊儿童的健康人格发展和自我发展非常重要。另外,住宅空间中的过渡空间的灯光也应满足特殊儿童对光环境的定制化需求。例如,为了满足特殊儿童在时空照明条件下的个性化需求,需要适当在其经常活动的区域增加艺术灯和引导灯的数量。

2.6 特殊儿童的环境光偏好

光本质上是一种电磁波。人眼可见的光只占整个电磁频谱的一小部分,其波长范围在380nm和780nm之间。一般认为,长波长的光更容易诱发兴奋反应,而短波长的光更容易诱发抑制反应。光不仅影响个体的视觉感知,还影响个体的认知处理、情绪、昼夜节律和生理活动。[15][16][17][18]

2.6.1 特殊儿童对环境光亮度的偏好

特殊儿童对环境光的偏好与正常发育的儿童不同,这需要在教育干预中综合考虑。现有研究表明,环境光可能会影响特殊儿童的身心功能。例如,环境光(亮光与暗光)对瞳孔光反射有影响。有实验结果显示,特殊儿童和对照组被试在强光条件下的瞳孔光反射潜伏期和瞳孔光反射收缩幅度存在显著差异。[19]此外,以前的研究还探讨了环境光对被试行为表现,如重复的刻板行为、自伤行为和睡眠行为的影响。两项研究都比较了荧光灯和白炽灯对特殊儿童重复的刻板行为的影响,均表明荧光灯下重复的刻板行为的持续时间比白炽灯下长。[20][21] Pauli发现,特殊儿童在蓝光和绿光下的刻板行为频率明显低于红光下。[22]然而,Pence等人评估了蓝色灯罩对特殊儿童重复的刻板行为水平的影响,并表明相对于正常的教室照明,在教室的荧光灯上放置蓝色灯罩并没有改善刻板行为。[23]低水平激光治疗对特殊儿童自伤行为效果的测试表明,它可以降低自伤行为频率的时间为四周。与对照组相比,被试在白天(9:00~12:00)接受的光强度越高,晚上的睡眠质量越差。[24]

简言之,不同环境光亮度会对被试的身体和行为产生不同的影响。上述某些实验结果不一致,其中可能的原因是没有考虑到特殊儿童对环境光色彩的偏好。例如,在喜欢的单色光条件下,特殊儿童重复的刻板行为明显少于对照组。因此,有必要了解特殊儿童对环境光色彩的偏好,以深化未来的相关研究。

2.6.2 特殊儿童对环境光色彩的偏好

针对特殊儿童对环境光色彩的偏好问题,我们需要知道如下几个问题:(1)特殊儿童对环境光色彩的偏好有哪些特征?他们的偏好顺序是什么?(2)特殊儿童与正常儿童在环境光色彩的偏好上是否存在显著差异?为此,我们设置了有可变色的LED照明顶灯的房间作为测试场地(如插图6),并在测试过程中保证温度、通风等因素一致。在正常儿童和特殊儿童都熟悉房间后进行测试,每次调节两种颜色询问被试对其的喜好。最后综合考虑光照颜色顺序等可能的影响因素,设计进行多组实验后进行结果分析。实验结果见表2-1,M为两组儿童对不同颜色光的平均选择次数(M=选择每种环境光的累计次数/组中的儿童人数)。

表2-1 两组儿童的平均环境光颜色选择次数

	排序	1	2	3	4	5	6	7	8
孤独症儿童	颜色	紫光	红光	青光	白光	橙光	蓝光	黄光	绿光
	M	7.90	7.75	7.20	6.70	6.70	6.65	6.55	6.55
正常儿童	颜色	白光	橙光	青光	黄光	蓝光	红光	紫光	绿光
	M	8.05	7.75	7.70	7.25	6.75	6.70	6.40	5.40

孤独症儿童最喜欢的环境光颜色是紫色、红色和青色，其次是白色和橙色，而最不常选择的环境光颜色是蓝色、黄色和绿色。一般来说，孤独症儿童更喜欢冷光而不是暖光。而正常儿童对环境光颜色的偏好顺序为白色、橙色、青色、黄色、蓝色、红色、紫色和绿色。一般来说，正常儿童更喜欢暖光而不是冷光。这说明孤独症儿童对环境光色彩的偏好顺序与正常儿童不同，孤独症儿童对紫光的偏好程度显著高于正常儿童。不过此研究中孤独症组的男女儿童比例极度不平衡(18/2)，结果中没有体现性别差异。

这项研究调查对比了中国7~14岁特殊儿童与正常儿童的环境光色彩偏好的差异，是对人类环境光偏好研究的良好补充。结果发现，特殊儿童通常更喜欢冷光而不是暖光，这为其生理活动和可能的行为干预带来了一定的启示。接下来，我们会进一步分析特殊儿童更喜欢冷光的原因，进一步增强对他们感觉处理特征的理解。考虑到特殊儿童与正常儿童间的差异性问题，我们推测环境光偏好可能受到特殊儿童脑功能状态的影响。

2.6.3 特殊儿童的脑功能状态对环境光偏好的影响

由于本研究中正常儿童的智力水平高于特殊儿童，他们对环境光的偏好在顺序和程度上也有所不同。我们寻找并对比了以往对智力迟钝儿童的颜色视觉偏好研究，发现患有严重智力迟钝的儿童专心看黑白牌的时间比其他颜色的时间长,而足月新生儿专心看红牌和黄牌的时间更长,两类被试之间存在显著差异。[25]后来,Ece和Asude发现,轻度智力迟钝的学生(10~12岁)更喜欢暖色(如红色和橙色)而非冷色(如蓝色和绿色)。[26]这些结果表明,智力障碍的程度会影响对颜色的视觉偏好。然而,智力障碍对特殊儿童的环境光偏好的影响仍不确定,需要在未来的研究中通过选择不同智力水平的特殊儿童作为研究对象进一步验证。

Horwitz等人使用正电子发射断层扫描技术来研究孤独症被试和正常被试大脑区域之间的功能联系。与正常被试相比,孤独症被试顶叶和额叶内其他大脑区域的功能连接受损并减少。[27]后来,Rippon等人在已有实证研究的基础上,提出孤独症与颅神经的"局部过度连接"和"低远距离连接"的现象并存。[28]也就是说,在孤独症患者的一些局部大脑区域中,内部神经连接过度,大脑区域之间的长距离神经连接不足、同步差、缺乏反馈。[29]至于顶叶、枕叶等脑区,由于异常的过度连接,以及无法接受额叶的监控和抑制,这些区域对感觉信息的处理出现异常:其传输速度变快、时间变长、选择性降低(所有信息都是不经选择的处理)。因此,这些脑区表现出更加独立的局部处理能力。相比之下,承担整合功能的额叶,由于过多的、无组织的和无分化的局部连接,并且无法从广泛的大脑区域获取信息,其高级整合能力(包括社交、语言和情感能力)大大受损。[30]通常,特殊儿童经常出现某些能力与障碍并存的现象,这在一定程度上证实了其脑功能发展的不平衡。这种不平衡会影响他们的视觉处理,导致他们对某些环境光特别偏爱。

2.6.4 特殊儿童对冷光偏好的可能原因

研究表明,一种可能的情况是:短波长光的输入有助于特殊儿童减少其视觉中心的激发并实现平衡,允许大脑在更平衡的状态下工作。因此,被试患者对冷光的偏好可能是一种补偿机制。Wilkins等人提出了"超兴奋性理论",认为特定颜色刺激的输入可以使大脑的兴奋性中枢从视觉中心转移到其他相对不兴奋的区域,从而保持大脑的平衡状态。[31]这一理论最近也得到了一些关于孤独症研究的证实。例如,Pauli发现,相较于红光,特殊儿童在蓝光和绿光下表现出较少的刻板行为。[22]Hernandez-Rivera的一项研究发现,与黄光和蓝光环境相比,一些被试在绿光下表现出较少的抽搐行为。[32]因此,我们推测,可能是由于冷光有助于特殊儿童大脑皮质活动状态的平衡,使得其偏好冷光类环境光。

根据这些研究结果,我们建议在对特殊儿童进行教育干预时,在室内照明设置中应考虑他们对环境光的偏好,不宜使用暖光,以免引起他们的反感。不过,考虑到此项研究中被试数量的局限和性别比例上存在不平衡,上述结论仍需在今后的研究中进一步验证。

2.7 光刺激生成褪黑素对特殊儿童的影响

光刺激生成褪黑素可以有效治疗因褪黑素缺乏而引发的特殊儿童睡眠质量问题,但当中断治疗时,这种作用通常会消失(如图2-4)。这项前瞻性研究验证了古典条件疗法有助于保持褪黑素对患有或不伴有并发注意缺陷多动障碍(俗称"多动症")的特殊儿童的睡眠问题的治疗效果。在基准周之后,有16名儿童(平均年龄为9.92岁,多动症/孤独症为31%)接受了褪黑素治疗3周,然后逐渐停止治疗。通过让儿童在服用褪黑素的同时喝有机柠檬水和使用昏暗的红光灯(孩子上床睡觉时打开)来进行经典调理。将结果与一组41名儿童（平均年龄为9.43岁，34%的多动症/孤独症患者）接受了未经经典调理的褪黑素治疗的效果进行对比，褪黑素治疗有效地促进了昏暗的褪黑素发作并减少了睡眠发作问题，对健康和行为问题也产生了积极影响。停止褪黑素治疗后，睡眠恢复到基线水平。我们发现，对于实验组中没有合并症的儿童，睡眠潜伏期和睡眠开始于停止周延迟较少，这表明了经典调理的效果。[33]但是，经典调理似乎对患有多动症或孤独症的儿童起反作用。需要进一步的研究来确定这些结果，并研究运用其他方法（例如，通过施加晨光）来保持褪黑素的治疗效果。

梁永峰在特殊儿童色彩心理投射实验结果中发现，特殊儿童偏爱蓝色、绿色的概率较大，其次是黑色、棕色，再次是橙色、红色，最后是黄色，选择紫色的极少。[34]国外文献报道同样证实了这一结论。[35]特殊儿童在识别图卡时容易受到色彩的影响，多偏爱冷色调，如蓝色和绿色，使用过分明艳的色彩会引起其视觉疲劳和情绪波动。图卡设计中通过改变字形、增大字号，形成不一样的视觉效果，能够吸引儿童注意力。[36]

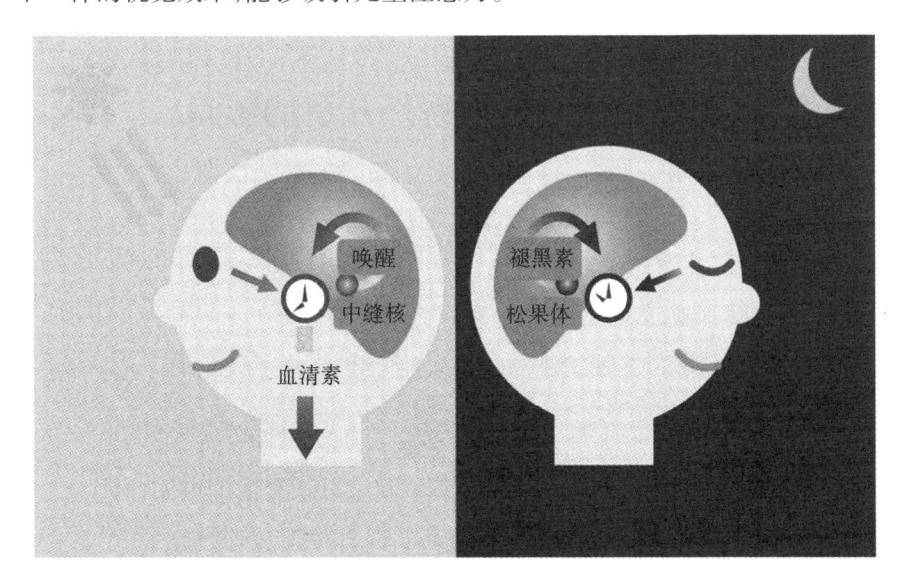

图 2-4　人体睡眠机制

以孤独症儿童为研究对象,选择白色图画纸,黑色、白色、棕色、紫色、蓝色、绿色、黄色、橙色、红色等不同颜色的油画棒作为实验材料(如插图7)。在实验设计程序上,孤独症儿童可以自由选择色彩球进行涂鸦绘画课实验。在游戏过程中,给孩子们提供不同颜色的油画棒,没有任何提示或指示,孩子们被允许随机选择一根。[37]选定颜色后,允许他们随意涂鸦,不给予明确的主观绘画内容提示。在没有提示的情况下,每个孩子选择一根油画棒,绘画中利用交换颜色的方式对其进行刺激,并观察其反应。结果发现,孤独症儿童更喜欢蓝-绿系统,其次是黑、棕、橙-红系统。总体来说,孤独症儿童对色彩的喜爱较少。男孩对冷色系更为偏好,女孩对暖色系更为偏好。一些孤独症儿童会对他们不喜欢的颜色表现出易怒、抑郁或行为抗拒等。对比研究显示,未患病的儿童对橙色、红色等比较鲜艳的颜色更为喜欢,而孤独症儿童对蓝、绿、黑、棕等颜色更为喜欢。可见,对于孤独症儿童来说,冷色可以促进其心理平衡,孤独症儿童偏爱冷色。[38]

2.8 视觉刺激对特殊儿童的影响

Campbell等研究者对婴幼儿时期的孩子进行测试。为了验证计算机视觉分析功能检测孤独症幼儿的非典型定向和注意行为的能力,有104名16~31个月大的幼儿(平均月数为22)参加了这项研究,其中有22名幼儿患有孤独症,82名幼儿患有典型的发育迟缓。计算机视觉分析测量了参与者对名字呼唤的注意力和方向。利用计算机视觉分析算法的可靠性针对人类评分者进行了测试,并分析了孤独症组和对照组之间的行为差异。实验设置和面部标志检测如插图8所示：(a)参与者坐在看护者的腿上，实验者站在后面，插图8(a)显示了检测到的面部标志的子集，展示了面部位置的检测（绿点为检测位点）；(b)对应插图8(a)面部检测的视觉刺激物示意图。

幼儿在平板电脑上观看视频刺激，内置摄像头会记录他们的头部运动，如插图8所示。计算机视觉分析和人类编码之间的可靠性非常好（类内系数0.84，95%置信区间0.67~0.91）。孤独症患儿中只有8%的人需要进行>1次实验，而对照组的这一比例为63%（$p=0.002$）。孤独症患儿的平均定向潜伏期明显更长（2.02 s vs 1.06 s，$p=0.04$）。非典型定向孤独症的敏感性为96%，特异性为38%。患有孤独症的年龄较大的幼儿对整体视频的关注较少（$p=0.03$）。自动编码提供了一种可靠的定量方法，可检测孤独症患儿的非典型社交倾向并减少持续的注意力。[39]

已有文献表明，长期以来，增强对细节的感知一直被认为是特殊儿童的标志。所有基本感知测量（视力、对比度辨别和闪烁检测）的正常灵敏度都很强。有学者认为，与匹配的对照组相比，特殊儿童个体的感知更敏锐。利用嵌入标准提示任务工具，通过改变距离和起始点，绘制增强注意力的空间和时间梯度视觉目标，特殊儿童的注意力会出现相应的响应。特殊儿童与提示控件的距离越远，性能下降，表明注意力的空间梯度越明显。此外，这种锐度与孤独症症状的严重程度以及特殊儿童和对照组的孤独症特征高度相关。这些研究结果确定了在特殊儿童中存在一种"隧道视觉"形式。

孤独症的神经生物学方面已经证明，特殊儿童的注意力增强视觉处理的空间梯度比匹配的对照参与者要明显得多。空间注意力分布的清晰度可能会极大地影响特殊儿童与视觉世界互动的方式。在我们测试空间维度之前，注意力会作用于其他复杂特征（如颜色、形状），这些特征也可能具有相关的梯度，这种情况在特殊儿童中可能更清晰。如果注意的基本机制是非典型的,这些影响也可能扩展到其他感觉方式上,因为它可能反映了更清晰的横向相互作用随着轨迹的距离变远而减少注意力。[40]

2.9 本章小结与展望

总之,目前研究表明,光干预对特殊儿童的早期干预存在指导性意义,为特殊儿童康复训练提供了一种新的物理干预模式。光干预技术对于关爱特殊群体、发展特殊教育与研究具有重要意义,也符合以人为本的理念。

参考文献

[1] 陈宜生. 物理学[M]. 天津:天津大学出版社,2005.

[2] 田兴运,何斌,朱雄伟. 日光温室结构优化现状与新思路探索[J]. 东北农业科学,2020,45(4):58-62.

[3] 王平. 让每一个特殊儿童都有人生出彩的机会[J]. 现代特殊教育,2022(7):4-5.

[4] Lovaas, O.I. Behavioral Treatment and Normal Educational and Intellectual Functioning in Young Autistic Children[J]. Journal of Consulting and Clinical Psychology, 1987, 55(1): 3-9.

[5] Boyden, E. S., Zhang, F., Bamberg, E., et al. Millisecond-Timescale, Genetically Targeted Optical Control of Neural Activity[J]. Nature Neuroscience, 2005, 8(9): 1263-1268.

[6] 赵晨旭. 基于心理健康对儿童康复中心空间环境设计的研究[D].

长春:吉林艺术学院,2021.

[7] Motta, M. Adverse Health Effects of Nighttime Lighting[J]. American Journal of Preventive Medicine, 2012, 45(3): 343-346.

[8] 桑东升.残疾儿童学校建筑环境研究[J].建筑学报,2002(4):20-21.

[9] Markoulakis, R., Fletcher, P., Bryden, P. Benefits to the Lived Experiences of Female Primary Caregivers of Children With Autism[J]. Clinical Nurse Specialist, 2012, 26(1): 48-56.

[10] Khanna, R., Madhavan, S.S., Smith, M.J., et al. Assessment of Health-Related Quality of Life Among Primary Caregivers of Children With Autism Spectrum Disorders[J]. Journal of Autism and Development Disord, 2011, 41(9): 17-18.

[11] 刘宗明,刘岸,魏雪琪.一物多用理念在儿童家具设计中的应用[J].林产工业,2018,45(5):65-67.

[12] 刘炜.住宅人工照明光环境智能控制研究[D].重庆:重庆大学,2003.

[13] 黄星华.色彩性格与儿童房色彩计划[J].南京:南京艺术学院学报(美术与设计版),2011(3):167-170.

[14] 谢桂华.培智学校中自闭症儿童的学习提升[J].文理导航,2022(17):85-87.

[15] Hartstein, L. E., Durniak, M. T., Karlicek, R. F., et al. A Comparison of the Effects of Correlated Colour Temperature and Gender on Cognitive Task Performance[J]. Lighting Research & Technology, 2018,50(7): 1057-1069.

[16] Smolders, K., & Kort, Y. Bright Light and Mental Fatigue: Effects on Alertness, Vitality, Performance and Physiological Arousal[J]. Journal of Envi-

ronmental Psychology, 2014(39): 77-91.

[17] Lockley, S. W., Evans, E. E., Scheer, F. A., et al. Short-Wavelength Sensitivity for the Direct Effects of Light on Alertness, Vigilance, and the Waking Electroencephalogram in Humans[J]. Sleep, 2006, 29(2): 161-168.

[18] Figueiro, M. G., & Rea, M. S. Lack of Short-Wavelength Light During the School Day Delays Dim Light Melatonin Onset (DLMO) in Middle School Students[J]. Neuro Endocrinology Letters, 2010, 31(1): 92-96.

[19] Fan, X., Miles, J. H., Takahashi, N., et al. Abnormal Transient Pupillary Light Reflex in Individuals With Autism Spectrum Disorders[J]. Journal of Autism and Developmental Disorders, 2009,39(11): 1499-1508.

[20] Colman, R. S., Frankel, F., Ritvo, E., et al. The Effects of Fluorescent and Incandescent Illumination Upon Repetitive Behaviors in Autistic Children[J]. Journal of Autism and Childhood Schizophrenia, 1976, 6(2): 157-162.

[21] Fenton, D. M., & Penney, R. The Effects of Fluorescent and Incandescent Lighting on the Repetitive Behaviours of Autistic and Intellectually Handicapped Children[J]. Australia and New Zealand Journal of Developmental Disabilities, 1985, 11(3): 137-141.

[22] Pauli, D. M. Engaging the Feeling and Will of Children With Autism through the Medium of Colour[D]. The University of Birmingham, 2004.

[23] Pence, S. T., Wagoner, R., & Peter, C. C. S. Blue Light Covers Increase Stereotypy and Decrease On-Task Behavior for Students With Autism[J]. Behavior Analysis in Practice, 2019, 12(3): 632-636.

[24] Ballester, P., Martínez, M. J., Javaloyes, A., et al. Sleep Problems in Adults With Autism Spectrum Disorder and Intellectual Disability[J]. Autism

Research, 2018, 12(1): 1-14.

[25] Buhrow, M., & Bradley-Johnson, S. Visual Preferences of Students With Profound Mental Retardation and Healthy, Full-Term Infants[J]. Research in Developmental Disabilities, 2003, 24(2): 83-94.

[26] Ece, A. S., & Asude, E. The Color Choice of Students With Mild Mental Retardation[J]. Journal of Human Sciences, 2008, 5(1): 3-24.

[27] Horwitz, B., Rumsey, J. M., Grady, C. L., et al. The Cerebral Metabolic Landscape in Autism: Intercorrelations of Regional Glucose Utilization[J]. Archives of Neurology, 1988, 45(7): 749-755.

[28] Rippon, G., Brock, J., Brown, C., et al. Disordered Connectivity in the Autistic Brain: Challenges for the 'New Psychophysiology'[J]. International Journal of Psychophysiology, 2007, 63(2): 164-172.

[29] Just, M. A., Cherkassky, V. L., Keller, T. A., et al. Cortical Activation and Synchronization during Sentence Comprehension in High-functioning Autism: Evidence of Underconnectivity[J]. Brain, 2004,127(8): 1811-1821.

[30] 曹漱芹,方俊明.脑神经联结异常—自闭症认知神经科学研究新进展[J].中国特殊教育,2007(5):43-50.

[31] Wilkins, A.J., Lewis, E., Smith, F., et al. Coloured Overlays and Their Benefit for Reading[J]. Journal of Research Reading, 2001, 24(1): 41-64.

[32] Hernandez-Rivera, N. Could Light Colour and Source Change Mood in Children With Autism? [D]. University College London, 2020.

[33] Rogers, S.J., Yoder, P., Estes, A., et al. A Multisite Randomized Controlled Trial Comparing the Effects of Intervention Intensity and Intervention

Style on Outcomes for Young Children With Autism[J]. Journal of the American Academy of Child and Adolescent Psychiatry, 2021, 60(6): 710-722.

[34] 梁永峰. 自闭症儿童色彩心理投射实验[J]. 美术研究, 2016(4): 118-120.

[35] Shareef, S.S., Farivarsadri, G. The Impact of Colour and Light on Children With Autism in Interior Spaces from an Architectural Point of View[J] International Journal of Arts and Technology, 2019, 11(2): 153-164.

[36] 赵玉婉, 张丙辰, 李闯, 等. 基于视觉偏好的自闭症儿童训练图卡设计研究[J]. 设计, 2020, 33(12): 117-119.

[37] 金怡君, 黄群, 王雅萍. 自闭症儿童康复中心视觉形象设计研究初探[J]. 艺术大观, 2019, 31(20): 113.

[38] 王琳. 色彩在自闭症儿童康复中心设计中的应用[J]. 居业, 2021(12): 66-67.

[39] Campbell, K., Carpenter, K. LH., Hashemi, J., et al. Computer Vision Analysis Captures Atypical Attention in Toddlers With Autism[J]. Autism, 2019, 23(3): 619-628.

[40] Caroline E. Robertson, Dwight J. Kravitz, Jan Freyberg, et al. Tunnel Vision: Sharper Gradient of Spatial Attention in Autism[J]. The Journal of Neuroscience, 2013, 33(16): 6776-6781.

第三章 特殊儿童声干预技术

3.1 引言

目前看来,药物对于孤独症儿童的治疗效果并不明显,且药物治疗副作用相对较大。声干预技术是一种能够利用共振来使发声的器物与人自身的声音更好地结合,从而实现疗愈身心的治疗方式。一方面,声波的频率会引起生理反应。声音振动频率是导致人体组织细胞共振的物理能量,它在人的头骨、胸部或某些组织中产生共振,并直接影响脉搏、脑电波和呼吸节律。另一方面,声波的频率也会引起心理反应。和声可以刺激大脑皮层,改善情绪,刺激情绪,刺激大脑;同时,它也可以缓解压力、焦虑、抑郁、恐惧等不良心理状况。声音和身体之间的和谐使身心达到和谐和平衡的状态。柔缓的音乐能降低心跳频率,使人趋于平静。

3.2 声干预技术的工作原理

相较于药物、电刺激等干预手段,声干预技术成为一种无创的情绪调节方式,在治疗精神类疾病方面具有显著的优势。迷走神经在人体的放松和镇静机制中起着关键作用。迷走神经是人体最长的脑神经,起源于大脑并向下延伸至身体内部各个脏器,它是副交感神经系统的基本"调节剂",控制着消化、心跳、呼吸等过程,并在人体受外部环境压力或遇危险情形后激活交感神经系统,负责恢复机体放松的工作。[1]与此同时,我们的听觉功能也是由于靠近迷走神经而对身体其他部位产生重大影响的。迷走神经通常不参与大脑处理的主要事件,可一旦涉及听力部分,它却是真正的"处理主力军"。这条极为重要的脑神经可将声音的刺激传递到全身脏器。正是由于迷走神经的存在,人们才会在听到令人舒缓的声音时,感受到前所未有的畅快和放松,舒缓当下所有的焦虑和抑郁。

3.3 声干预技术在孤独症儿童领域的应用

人的大脑和神经系统相当于一个中央控制室,从接收到的感觉刺激中获取信息,并判断哪些是重要的,同时做出相对应的反应。例如:在一次讨论会中,你在和你的同伴谈事情,你还能听到其他人的交谈声,但你的大脑可以过滤掉其他人的声音并让你专心聆听同伴说的话。如果你闻到外面传来很浓的烟焦味,你就会对这个"感觉信息输入"做出特定的反应:迅速离开办公室。有些孤独症儿童会以一种完全不同的方式来处理他们从感觉刺激中接收到的信息。他们可能不能过滤掉这些不相关的噪声或视觉景象,可能会对某个特定的声音、光线特别排斥或容易受其干扰。声音刺激如图3-1所示。

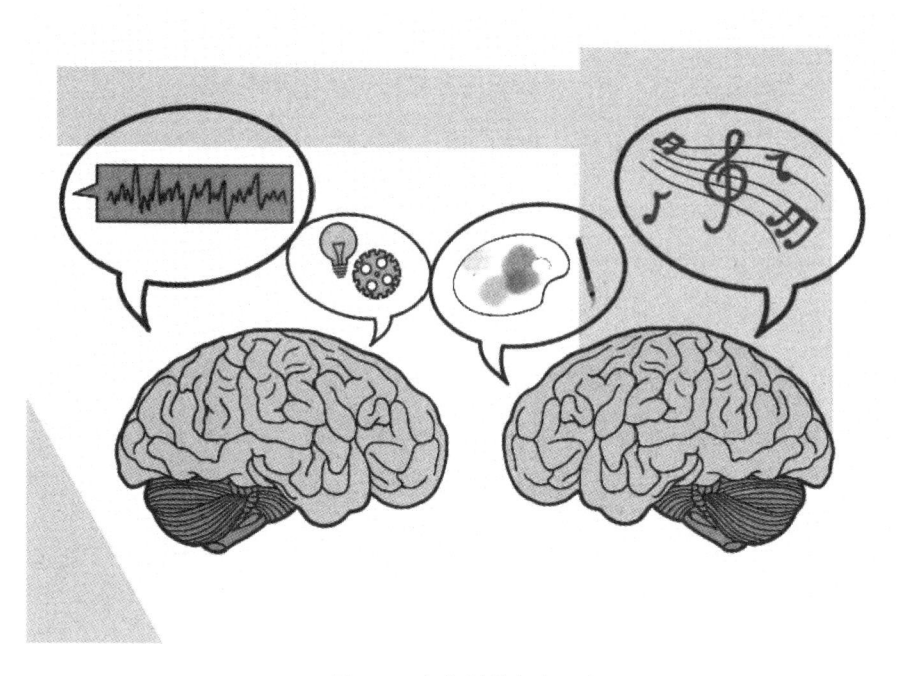

图 3-1　声音刺激大脑反应

孤独症儿童对音调、音量和声音的持续时间较其他同龄人更为敏感,也就是所谓的听觉反应过度。听觉反应过度意味着孤独症儿童对外界的噪声或普通的声音反应过度或反应不足,使他们产生易怒、焦虑和恐慌等情绪反应。这是影响孤独症儿童的常见问题,这些障碍严重阻碍了孤独症儿童的社会性发展,影响了他们的家庭、学校和社区生活。因此,充分了解孤独症儿童的现状和特征,介入科学有效的干预是非常有必要的。[2]大多数现有的国外研究都是现状研究,没有对其特征和策略进行全面和系统的分析。通过将孤独症儿童的能力进行对比和分析后发现,大约有20%的孤独症儿童有额外的分辨不同音调的能力。孤独症本身并不会影响儿童的听觉能力,至少在一些不需要儿童对声音做出行为反馈的测试中不会。然而,如果需要儿童对特定的声音做出特定的行为反应,测试结果就显得不是那么明确了。研究人员推论,这种不能正常并持续地对声音做出回应的障碍可能是注意力缺失导致的,而不是因为听觉或者感觉信息处理障碍。

孤独症儿童的语言和社交能力障碍可能会使他们很难鉴别并告诉他人到底是听觉、视觉还是其他感觉刺激干扰或影响了他们。在康复机构和学校,职业治疗师会与言语语言病理学家、行为分析师一起为孤独症儿童制定一个多学科的治疗方案。同时,他们也会教家长在家中如何按计划逐步引导孩子参与到游戏活动、家庭活动、娱乐活动以及其他不同类型的活动中。一项针对800余位孤独症儿童的家长的调查结果显示,有近半数的孤独症儿童因存在听觉过敏或迟钝而处于一个并不安全的状态中。对噪声刺激的敏感回应可能会触发孩子的自伤行为或伤害他人的行为。有超过40%的孤独症儿童会试图逃离噪声环境,有约25%的孤独症儿童会试图躲起来。目前,最主流的干预方式就是为孤独症儿童佩戴耳塞或者播放音乐的耳机,多数家长对这种方式的效果感到满意。针对孤独症儿童对声音的敏感性,音乐是一项有效干预其非正常行为的方式。

3.3.1 音乐治疗的起源

音乐凭借其独特的优势在人类社会发展过程中充当重要的角色,它作为一种意识形态影响着人的长远发展。音乐对人的影响主要表现在对人的情绪的影响,情绪行为是影响个人学习、生活、工作和人际关系表现的重要因素。2000多年前的《乐记》中就记载了音乐对人的情绪的影响,医学著作《黄帝内经》中也指出传统音乐的五音(角、徵、宫、商、羽)可通过五脏(肝、心、脾、肺、肾)影响人的五志(喜、怒、悲、思、恐)。音乐影响个体的情绪是控制人的大脑产生脑内啡与多巴胺,脑内啡的分泌对于人体有止痛的功效,而多巴胺的分泌则能使人感觉到轻松、乐观、活力和快乐。[3]所以,研究者们把音乐用于治疗情绪问题导致的疾病。第二次世界大战期间,音乐被用于治疗被精神疾病折磨的病患并取得了一定的效果,之后便被广泛推广。[4]通过脑扫描技术发现音乐与大脑的活动有着深层次的关联,音乐治疗师可以通过音乐节奏控制患者大脑的活跃度,帮助他们克服自身的困难。音乐治疗并不是简单地听音乐和唱歌,而是一个有着严格治疗方案的干预过程,运用各种形式的音乐体验依照流程对就医者进行治疗,并根据其情况以及所处生活环境的变化不断调整治疗方案。

美国著名音乐治疗学家 Brussia 将音乐治疗定义为一个系统的干预过程。治疗师使用不同形式的音乐体验和由此产生的治疗关系作为治疗动机,帮助他们的治疗对象实现健康目标。相关医学实验证明,美国的音乐治疗师通过13次系统的音乐治疗,将一名三度昏迷的植物人唤醒。更令人惊奇的是,该病人在被成功唤醒后,又重新投入了原本的记者工作中,完全回归了正常人的生活。[5]

音乐通过大脑与人的记忆、情感、交流相关联,对人的感知能力、认知能力、运动能力以及方向感都有一定程度的影响。许多从事青少年心理教育的音乐治疗师会据此将治疗与患者感兴趣的音乐结合起来,使患者的情绪得到宣泄,感受到激情与力量。随着人们对心理和精神问题的了解和认知越来越深入,儿童的情绪问题也越来越多地被关注。音乐治疗也经常被用在儿童医院里,用来缓解儿童患者的痛苦与焦虑,增强他们的活动能力以及对人与环境的认识。20世纪50年代,Leo Kanner首次报道了孤独症儿童的研究情况。[6]在特殊教育领域,孤独症儿童存在典型的发育障碍,通常表现出抑郁、压力、焦虑、恐惧、言语障碍、沟通障碍和其他心理或情感障碍;有时也会表现出冲动、攻击和反抗等外向性行为,这在他们的社会沟通和交往中表现得较为明显。这些问题影响着他们的学习、生活以及康复训练。研究表明,音乐治疗可以有效提高孤独症儿童的注意力和语言表达能力,降低刻板行为的频率。

3.3.2 音乐治疗孤独症儿童的研究

音乐治疗之前需要对孤独症儿童进行全面的诊断与评估,并依据诊断和评估的结果来制定相应的治疗目标和活动计划,通过歌唱、舞蹈、倾听、节奏、击打乐器、音乐教育故事等方法对孤独症儿童进行相应的听辨、节奏和旋律记忆训练以及表演训练等。根据音乐活动的实施以及反馈结果评价音乐治疗对孤独症儿童的影响。目前,音乐治疗的方法主要有可视音乐疗法、奥尔夫音乐疗法、音乐游戏疗法、音乐电疗法、五行音乐疗法和体感音乐疗法等。

① 可视音乐疗法

可视音乐疗法是选取与孤独症儿童情绪状态相适应的多媒体音乐治疗手段,依托高科技设备让孤独症儿童接受与音乐相关的多感官刺激,使其情绪得到放松。该方法采用正性、中性和负性音乐,集声、光、电于一体,将现实与虚拟画面通过多屏幕动态显示技术展现在孤独症儿童面前,通过脑电波嵌入音乐和情景画面,使听觉信号与视觉信号共同作用于孤独症儿童的生理与心理。通过实时的屏幕模拟调整,检测被试脑电波的活动状态并进行相应的分析,并采用单一被试技术对康复训练效果进行全程监控。[7]

② 奥尔夫音乐疗法

奥尔夫音乐疗法主要有语言表达、身体节奏、声音感知和即兴创作等,它是一个集语言、节奏、音乐和舞蹈于一体的音乐教育体系。奥尔夫音乐治疗过程要求孤独症儿童一直参与在音乐当中,听着音乐节奏用不同的乐器进行伴奏,与音乐形成双向互融的关系,培养其手、眼、耳和身体的协调能力,提高其应对外部因素的应激能力(如图3-2)。鼓、沙锤、响板等奥尔夫乐器容易操作,只需在教师的启发下参与相关的互动音乐游戏,就能够很好地调动孤独症儿童的参与意识,提高他们的主动性。奥尔夫音乐有很多乐曲要求教师做动物的动作,孩子跟着做模仿训练,或者借用乐器教孩子做模仿训练,这既可以提高孩子的认知能力和模仿能力,也可以提高他们使用物品的能力。另外,奥尔夫音乐中包含许多听觉练习,儿童时期听各种各样的音乐可以提高听力水平,而听力水平直接关系到认知理解与语言能力。根据孤独症儿童存在的不同症状,可以选择不同的奥尔夫音乐疗法,激发孤独症儿童对音乐的兴趣和感受,以达到治疗目的。[8]

图3-2 奥尔夫音乐疗法

③ 音乐游戏疗法

音乐游戏疗法利用游戏这种独特的活动方式与音乐进行结合来治疗患

者的疾病,这里的音乐游戏是一种促进孤独症儿童心理发展的活动方式,是有计划、有组织、有明确目标的音乐游戏。因此,音乐游戏疗法的研究将主要集中于知识迁移和整合,以稳定和改善孤独症儿童的情绪和行为。游戏相比于枯燥的讲解,更能引起孤独症儿童的兴趣,提高他们的参与积极性,从而达到良好的治疗效果。合适的游戏既能够帮助医师与孤独症儿童建立良好的治疗关系,也能让孤独症儿童在愉悦的心情下树立规则意识。通过孤独症儿童在音乐游戏中的表现可以评估他们对规则的掌握度,医师可以根据反馈结果不断调整游戏方案,完成教学目标。[9]

④ 音乐电疗法

基于音乐疗法的音乐电疗法将音乐转化为治疗疾病的同步电流,可根据孤独症儿童的情况选择电极法或电针法的音乐和方法。音乐电疗法的实施需要电流同步和音乐同步。当患者接受音乐治疗时,他们会将音频切换到电频,以便通过音乐电流进行治疗。音乐电疗法是通过经络传递音乐流以达到复杂的生理效果和治疗效果的。当音乐流影响皮肤时,它有助于缓解头痛、调节脑震荡等。音乐的选择主要依据乐曲的节奏、旋律、速度、力度和协调等因素,可以按照患者当时的情绪状态选择相同性质的音乐。对于性格孤僻的孤独症儿童,一般采用旋律优美、速度和力度适中的乐曲,但也会根据患者所处的情绪状态进行选择。[10]

⑤ 五行音乐疗法

五行音乐疗法是通过五音、五行、五脏以及五志相互作用从而治疗患者的情绪疾病。《黄帝内经》中记载:"肝属木,在音为角,在志为怒;心属火,在音为徵,在志为喜;脾属土,在音为宫,在志为思;肺属金,在音为商,在志为忧;肾属水,在音为羽,在志为恐。"五行音乐疗法的身心基础是:音乐可以通过感染和调理患者情绪来影响其身体状态。当音乐根据一个人的心率、呼

图3-4 音乐助眠

雄壮、激情、活跃的音乐可以通过大脑皮层刺激听觉中枢,并作用于感觉器官,对疼痛有相应的抑制作用。对于类风湿患者而言,音乐可以使其体内β-内啡肽的水平提高,与针灸结合能起到很好的治疗关节病和痛风的效果。另外,对于有睡眠障碍的患者,音乐可以使其大脑内褪黑素分泌水平提高。20世纪90年代末期,研究人员、临床音乐治疗师以及神经学和脑科学家根据音乐对神经系统的影响,逐步归纳和建立了一种新的音乐治疗方法——神经音乐治疗(neurologic music therapy,NMT)。神经音乐治疗作为音乐治疗中的一套标准化技术,主要用于解决与神经系统疾病相关的临床问题。[13]

神经音乐治疗主要分为三个领域,每个领域有多种技术来达成各种目标。感觉运动领域使用的技术包括节奏听觉刺激、感觉模式增强、治疗器乐表演等。言语/语言领域使用的技术有音乐语调治疗、说话的语调治疗、音乐语音刺激、节奏性言语线索化、口腔运动和呼吸练习、治疗性歌唱、通过音乐符号交流训练、通过音乐发展语音和语言训练等（如图3-5）。认知领域使用的技术有音乐感知定位训练、听觉感知训练、音乐注意控制训练、音乐执行能力训练、音乐镜像回忆、音乐记忆力训练等。

图3-5　音乐辅助治疗

特殊儿童领域音乐治疗的最主要特点是教育与康复的结合，我们也可以称为"疗育"。也就是说，音乐治疗师的任务不仅仅是改善孤独症儿童的各种身心问题和症状，伴随着孤独症儿童的不断成长，教育相关的内容也要融入音乐治疗过程中，帮助孤独症儿童学习和掌握基本的生存技能和常识，使其拥有健康的心理状态，为其长大后能够顺利融入社会打好基础。

3.4.2 音乐对体内组织和器官的影响

音乐治疗师会根据孤独症儿童自身的情况选择合适的治疗方式,通过音乐作用于其生理和心理,以此来激发其身体的反应,调节其身心健康。临床实践证明,音乐与人的呼吸频率、血液循环、肌肉运动等生理活动有着密切的联系。人的机体可以接受乐声的调控,心跳和呼吸频率都会受到周围声音振动的影响。轻柔、舒缓的音乐可以起到调节、放松的作用,使呼吸和心跳趋于平稳状态。对于冠心病和哮喘患者来说,配合音乐的药物疗法比单纯的药物疗法更有效。周为民发现,音乐疗法与人的生理活动联系紧密,音乐可以通过声波的振动频率与人体内部组织和器官产生共振,从而刺激大脑皮层和中枢神经系统等产生生理性变化,实现孤独症儿童不良情绪的调节。[14]

3.4.3 音乐对人心理的影响

音乐可以对人的心理产生作用,最显著的就是音乐能够对人的情感产生强烈的影响。[15]甚至可以说,音乐就是一种情感的语言。我们常常听到这样的描述:"音乐能够改变人的情绪,诱发人的情感,让人释放情绪,让人兴奋,让人安静,净化人的心灵。"

对于音乐为什么能够影响人的情绪,很多学者进行了相关研究。其中一种观点来自I.A.Taylor和F.Paperte两位学者,他们认为,音乐构造的动力与情感的动力相一致,所有音乐都能够调动人的情感。音乐是一种流动(进行着)的声音,在这种流动的过程中呈现出各种变化,如快慢、强弱、高低、行止等。这种声音流动的变化就是一种动力,这种动力与情感的动力相似。这就是音乐能够引发情感变化的原因。音乐不是表达某种特定的感情,而是通过动力引发人们各种各样的感情。我们经常会看到这样一种现象：音乐能够诱发出一种我们现在没有的记忆和情感。例如，患有阿尔茨海默病的老年人，听到某一首曲子会突然想起年轻时的事情。这种表现被认为是伴随着情感的引发，血液的流动得到了改善，脑部的功能实现了短暂的正常化。

唱歌、演奏音乐还是一种非常好的释放和发泄情绪的方式。卡拉OK之所以风靡全世界，就是因为它提供了一个帮助人们释放情绪和压力的方式。音乐还可以安抚悲伤的情绪，对积极正向的情绪给予支持，提升人们的自信心和满足感，为人们提供想象的空间，帮助人们探索和认识自我。

3.5 本章小结与展望

以上研究结果表明，平稳柔和的音乐不仅能安抚人的不良情绪，也能提升人的感受力和体验感，还能让人在音乐熏陶的过程中完善思维结构。由于音乐能影响人的身心活动，尤其是人的情绪活动，因此，好听的音乐可以用来预防疾病、治疗疾病和保持健康。

音乐无时无刻不在影响着我们，让我们产生各种各样的体验。当我们为美好生活在外努力奋斗一整天后，回到家里打开播放器，静静欣赏一曲莫扎特或舒伯特的轻音乐，满身的疲惫顿时得以驱除，逐渐沉浸到一个舒心的世界。音乐给平淡乏味的日常生活增添了几分诗情和浪漫。在音乐的世界里，人们可以摆脱现实生活中的问题、焦虑、荒谬和无助等。音乐欣赏是极富幻想的，它可以使人超越一切，带给人们无限的博爱与震撼！

参考文献

[1] 陈家津,吕运明,祝元祥,等.刺激迷走神经向中端对脑内脑啡肽含量的影响[J].青岛大学医学院学报,1981(1):157.

[2] 高晓慧.自闭症谱系障碍儿童听觉反应过度的现状、特征与干预研究[D].上海:华东师范大学,2017.

[3] 汤显靖,丁玲.脑内多巴胺神经递质表达对神经内科住院患者睡眠障碍的影响[J].海南医学院学报,2019,25(11):829-833.

[4] 房立岩,李林森,孙岚.中国传统音乐疗法及现代音乐治疗的发展[C]//弘扬中华养生文化 共享健康新生活——中华中医药学会养生康复分会第七届学术年会论文集,2010:66-72.

[5] 李伟亚,方俊明.学校情境中的音乐疗法——从音乐治疗师的立场看P.L.94-142前后美国学校情境中音乐疗法的发展[J].中国特殊教育,2004(8):85-89.

[6] 邹小兵,邓红珠.美国精神疾病诊断分类手册第5版"孤独症谱系障碍诊断标准"解读[J].中国实用儿科杂志,2013,28(8):561-563.

[7] 金野,汪佳蓉,李立勤,等.特殊儿童可视音乐治疗系统的构建与应用[J].中国特殊教育,2008(5):7-12.

[8] 程虹毓,刘燕,朱继孝.奥尔夫音乐疗法应用于重度孤独症儿童的个案分析[J].中国儿童保健杂志,2013,21(9):1007-1008.

[9] 胡德.儿童孤独症音乐游戏疗法综述[C].中国音乐治疗学会第十届学术年会论文集,2011:323-335.

[10] 周万松.音乐电疗法[J].临床医学,1987(4):198-199.

[11] 江玥婷,钱林霞,林法财.针灸联合五行音乐疗法在小儿自闭症中

的应用探讨[J].中国民间疗法,2019,27(19):9-10.

[12]魏育林,刘伟,孔晶,等.体感音乐疗法的原理及其在康复治疗中的应用[J].中国康复医学杂志,2005(10):799-800.

[13]杨畅,陈杰.神经音乐治疗理论和方法指导下的成人智障音乐治疗[J].课程教育研究(学法教法研究),2016(24):227-228.

[14]周为民.音乐治疗的生理学研究[J].中国音乐学,2007(1):117-121.

[15]赵薇.音乐对心理的治疗作用[J].教书育人,2001(15):39.

第四章 特殊儿童电磁干预技术

4.1 引言

孤独症是指广泛发育障碍,社会交往障碍、兴趣狭窄以及行为刻板等是其主要特征,这将严重影响患儿的成长发育。该病的核心症状为社会交往障碍,表现为难以通过面部表情、目光注视等与人沟通,与家属间难以建立健康的依恋关系。[1][2]孤独症的发病原因与机制尚不明确,主要干预方法是对患儿进行康复训练。有研究表明,孤独症患儿的最佳干预年龄在 7 岁以内,根据患儿的身心发展特征,采用密集型干预模式可以确保早期干预的最佳疗效。

目前,孤独症尚无特异性治疗药物,某些药物(如常用的抗精神病药物舒必利、硫利哒嗪、氟哌啶醇等)只能改善患儿的部分症状,可以使患儿的刻板、多动、攻击、坐立难安等不良情绪和行为得到改善,提升患儿的社交能力。吡拉西坦、脑活素等药物能改善和促进脑细胞功能,但这些药物治疗效果非常有限。对于有明显强迫症状或多动、注意缺陷问题的患儿,可以使用抗抑郁药物、可乐定等。对于有易怒症状、睡眠障碍者,可用氟哌啶醇、奥氮平、阿立哌唑、丙戊酸钠等。对于注意缺陷多动障碍者,可选用哌甲酯、可乐定、胍法辛、托莫西汀等。美国食品和药品管理局批准了阿立哌唑和利培酮用于治疗孤独症患者的易受刺激和行为障碍。临床上有很多药物用于治疗孤独症,但如果长期使用会有副作用。药物的选择必须取决于患者的情况,以及药物的疗效和副作用。

对于孤独症儿童,只能通过康复训练和特殊教育专业训练来进行干预。在不清楚孤独症的发病机制的情况下,这些干预措施通常分为三类:心理学类、教育学类和医学类。心理干预指有计划、有目的、有步骤地依据心理学理论来对研究对象施加影响的活动,其措施包括心理治疗、心理援助、精神康复和心理危机干预等。心理干预可以有效提高孤独症儿童的安全感,消除其心理障碍,促进其参与社会。

教育干预通常是基于孤独症儿童在认知、语言、交往、交流、生活自理等多方面存在的缺陷,通过教育和康复的结合以及教育模式的整合,最终实现孤独症儿童多方面能力的发展。父母必须在专业、合格的医生的指导下,根据孤独症儿童能力缺陷的程度,对孤独症儿童进行个别化训练。这里需要特别强调的是,必须对孤独症儿童进行个别化的干预训练,通过评定—训练—再评定的方式反复训练、巩固和强化,从幼儿园到中小学,直到他们成长为拥有独立生活技能的个体。

医学干预主要以减轻外部症状、提升语言能力、矫正异常行为、提高自理能力为目的。对特殊儿童采用综合疗法,即对特殊儿童进行系统的、持续的和有针对性的心理干预、教育训练、行为矫正、感统训练和药物治疗等。在疾病的发病机制尚不清楚的情况下,寻找积极的治疗机制可以为经验性治疗提供依据,有助于进一步研究疾病的发病机制,改进治疗方法。本章主要介绍"电"在特殊儿童康复治疗中的疗效与机制。

4.2 生物反馈疗法在特殊儿童领域的应用

生物反馈疗法是在古老的养生术(如气功、瑜伽等)的基础上的重大突破,是心理治疗技术与现代科技的合璧。生物反馈疗法是通过收集和分析人体生理指标来反映人的精神状态,并将这些指标以常见的形式(通过视觉、听觉)呈现出来,这使人们能够更好地了解自己的生理变化。反复训练可以帮助人们了解和调整自己的生理变化,从而预防和治疗某些疾病。

生物反馈是20世纪60年代在实验心理学的基础之上发展起来的医疗技术和学科。它源自大量的感受条件反射方面的研究积累,是现代电子科学技术高度发展的结果。人类史上第一个生物反馈实验:要求被试判断自己的大脑是否处于α波状态(平静且放松),如果是,则按电铃通知主试。实验证明:经过460次实验,被试能准确地在大脑出现α波时通知主试。第一个通过训练改变动物脑电波的实验是Sterman实验,其过程如下:① 当铃声响起时给予猫食物——条件反射;② 改变训练方式,铃声出现时先不给予猫食物,待铃声响过一段时间之后再给予猫食物,此时猫表现出静止和期待——诱发SMR节律;③监测猫的脑电波,脑电图中一出现该节律,立即给予猫食物奖赏——训练猫产生SMR节律。实验证明:训练后猫的SMR节律明显增加,猫变得安静、少动。

那么,什么是生物反馈技术?所谓生物反馈技术,又称生物反馈疗法或植物神经学习法,是将现代生理设备和特殊训练相结合,使特殊儿童能够利用体内的生理或病理信息进行有意识的"智力控制"和心理训练,目的是消除疾病,恢复身心健康。换言之,就是把特殊儿童的生理机能用现代医学仪器扫描后转换为声、光等反馈信号,根据反馈信号,调节其内脏的生理功能,达到预防身心疾病的目的。实验表明,心理反应和生理活动之间存在一定的相关性。这种疾病是通过影响有意识情绪反应的心理社会因素引起的,因此,无意识控制的生理活动发生了异常。生物反馈疗法是利用意识控制无意识的生理活动的一种方法,通过生物反馈训练重新建立起新的行为模式,有意识地控制内脏活动和腺体的分泌。

4.2.1 肌电生物反馈疗法在特殊儿童领域的应用

肌电生物反馈疗法是一种将肌电电极连接到皮肤上,记录特殊儿童相应肌肉的电流,并通过反馈进行训练的方法。这种疗法以视觉和听觉的形式反馈信号,使特殊儿童了解自身肌肉收缩状态,以此为依据进行逐步训练和调整肌肉活动情况,帮助特殊儿童完成不易独立完成的动作。经过不断反复向中枢神经系统提供反馈信号,大脑中枢逐渐恢复对瘫痪肌肉的控制,提高特殊儿童控制肌肉和恢复运动功能的能力(如图4-1)。肌电生物反馈疗法应用广泛,特点是无创、无痛、无副作用,适用于上下肢肌肉迟缓性肌萎缩、大小便控制障碍、脊髓损伤、脑瘫、痉挛性斜颈、周围神经失神经支配、骨头软组织损伤、腰背痛等。肌电图反馈的康复功能是刺激瘫痪肌肉的运动,增强肌肉力量,缓解痉挛,改善足下垂,促进分离运动。

图 4-1 肌电生物反馈仪及使用方式

肌电生物反馈疗法是用于肌肉反馈治疗的一种安全无创方式,其将电刺激与生物反馈结合以弥补单纯电刺激的不足,是临床中恢复及改善肌肉自控力的主要训练方式。肌电生物反馈仪的工作原理是向患者显示影响大脑中心图像和声音形状的输入脉冲。通过多次肌肉训练逐渐恢复大脑中枢对患肢肌肉的支配功能,对脑损伤后新反馈机制的建立具有促进作用。该疗法能有效调节特定脑电节律,维持机体兴奋-抑制平衡状态,改善特殊儿童自我调节能力。肌电生物反馈疗法不可替代康复治疗,但能作为孤独症的辅助疗法。[3][4]

肌电生物反馈疗法将神经肌肉电刺激与生物反馈相结合,弥补了单纯使用电刺激疗法的不足。它是根据中枢神经系统可塑理论而创造出的新型治疗方法,是目前临床恢复、改善肌肉控制能力的常用训练方法。肢体运动障碍严重阻碍了特殊儿童步行能力的发展与康复信心的建立,特殊儿童发生运动障碍是大脑中枢对运动系统失去调控导致的。研究结果显示,运用了肌电生物反馈疗法后,观察组的粗大运动、精细运动、肢体运动功能的得分均高于对照组。这表明,肌电生物反馈疗法能有效提高特殊儿童运动发育水平及肢体运动功能。肌电生物反馈疗法通过刺激特殊儿童大脑皮层,改善患儿脑功能,促进患儿语言与社交能力的恢复;[5][6]同时,显著改善特殊儿童的临床症状,促进特殊儿童的正常发育,提高他们的运动能力。

4.2.2 脑电生物反馈疗法在特殊儿童领域的应用

脑电生物反馈疗法是在生物反馈和脑科学的基础上发展而来的一种治疗方法。与一般的生物反馈疗法不同,脑电生物反馈疗法最终改善的不是血管或内脏的功能,而是大脑活动本身。脑电生物反馈疗法能调整大脑自身的功能,安全性更高,治疗效果更显著。脑电生物反馈治疗技术于20世纪60年代末首先在美国被应用于临床,且发展迅速。在美国和欧洲许多国家,很多临床专业人员都在普遍使用此技术治疗多动症、抽动症等儿童发育行为疾病,并取得了较好的治疗效果。

脑电生物反馈疗法以大脑生物反馈治疗仪为载体,使用脑电图传感器增加大脑的微弱波,并将其转换为视觉或听觉信号。特殊儿童在多次训练后可以适应。根据脑电平衡及波形同步原理,大脑生物反馈治疗仪可以运用与之相对应的声光信号及低频电脉冲来刺激人体的耳、眼,利用这些频率(节律)变化,调控大脑中调节情绪的区域,以减少负压力和焦虑,缓解各种疾病或癫痫的症状,控制疼痛,消除疲劳,并刺激学习、记忆和创造力。这项技术在中国数家医院的临床应用表明,它可以显著改善大脑功能。脑电生物反馈训练可以抑制脑电慢波,强化SMR波(与注意过程有关)。国内外已将此法用于治疗多动症,它对抽动症、顽固型失眠、神经衰弱、强迫症、焦虑症等一系列身心疾病都有独特疗效(如图4-2)。

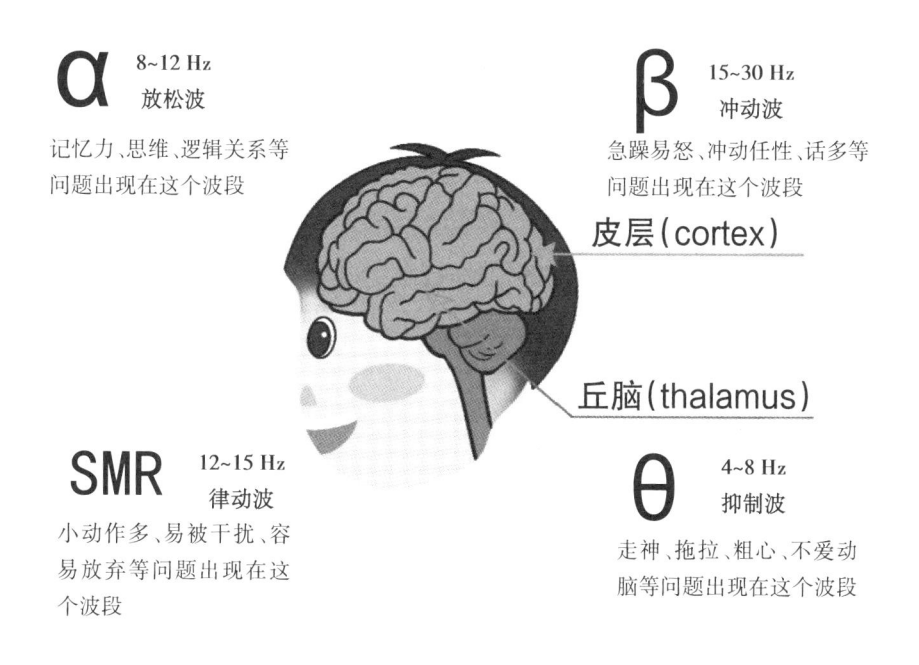

α 8~12 Hz 放松波
记忆力、思维、逻辑关系等问题出现在这个波段

β 15~30 Hz 冲动波
急躁易怒、冲动任性、话多等问题出现在这个波段

皮层(cortex)

丘脑(thalamus)

SMR 12~15 Hz 律动波
小动作多、易被干扰、容易放弃等问题出现在这个波段

θ 4~8 Hz 抑制波
走神、拖拉、粗心、不爱动脑等问题出现在这个波段

图4-2 脑电生物反馈疗法改善脑功能的作用

脑电图(electroencephalogram,EEG)是一种无创的脑电记录技术,通过在头皮上放置电极来测量大脑的电活动。由于其具有无创性、便携性以及可操作性,脑电图已成为临床诊断、实验室研究和许多其他应用中优选的大脑记录方法,也是分析和评估脑疾病患者情况的有力工具。自发脑电也称"静息态脑电",可以有效地评估大脑正在进行的神经活动,也可以检测神经振荡模式。如图4-3所示,可将脑电图信号划分为5个频段,包括:δ(0~

4 Hz)、θ(4~8 Hz)、α(8~12 Hz)、β(12~30 Hz)和γ(30 Hz以上)频段。研究显示,相较于正常儿童,孤独症儿童的脑电功率存在异常,普遍出现低频(δ、θ)和高频(β、γ)活动增加,中间频段(α)活动减少。其中,中间频段功率降低可以作为皮质抑制的参考指标,这对大脑区域内部以及区域间的连接起着重要作用,其差异也可以用来区分正常儿童和孤独症儿童。

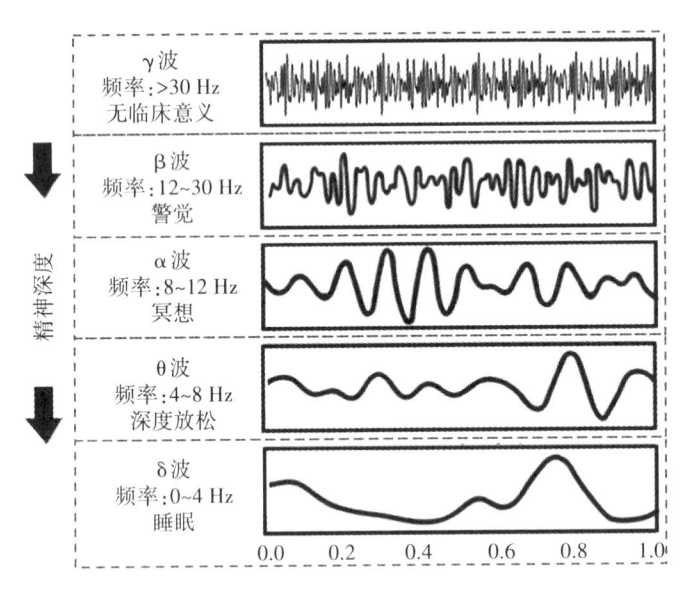

	频率(Hz)	特点
γ	30以上	无临床意义
高频β	23~30	紧张、应激
中频β	15~23	警觉、注意
低频β	12~15	专注、思考、运动抑制
α	8~12	平静、放松、愉悦、冥想
θ	4~8	困倦、白日梦、深度放松
δ	0~4	睡眠

图4-3 脑电图信号划分及对应的人体活动特点

对脑电图信号的分析除了功率谱等线性分析方法外,还有一些非线性分析方法。例如,衡量大脑复杂度采用熵分析,而信息熵作为一种衡量标准，系统复杂度的物理量适用于脑电图这类高维信号。在过去的几十年中，基于熵的非线性方法已广泛应用于孤独症儿童研究中，Catarino等和Bosl等采用熵方法分析脑电图复杂度。Catarino等在研究中发现，孤独症儿童组的熵值显著低于正常组的熵值，具有显著差异的脑区主要分布在颞叶和顶叶。Sohn等通过计算注意力缺陷与多动障碍儿童的近似熵发现，他们在额叶脑区与正常儿童具有显著性差异。由于不同脑区控制大脑的不同功能，因此，正常儿童和孤独症儿童的脑电图信号在不同脑区计算出的熵值能够体现出两者大脑发育的差异性。

从静息态脑电图中可提取4种熵特征，即近似熵（approximate entropy，Ap En）、样本熵（sample entropy，Sa En）、排序熵（permutation entropy，Pe En）和小波熵（wavelet entropy，Wa En）。按照大脑半球原有沟裂形状，可将全脑划分为5个脑区，分别为前额叶、左颞叶、右颞叶、顶叶和枕叶。由此可以研究不同脑区、不同熵值的脑电图信号差异。由于脑电图信号是微弱的非平稳信号，单纯的功率谱分析或许不能包含所有信息，而熵特征能够弥补这个缺点，因此，功率谱分析与熵特征结合能够更准确地分析脑电图信号。

有研究表明，孤独症儿童脑电图信号不同频率的神经振荡之间存在互相耦合的作用，双谱相干性（bispectral coherence）是双谱的归一化，能够表明耦合作用的程度。Bullock曾用双相干谱来分析睡眠状态、清醒状态以及癫痫状态的脑电图信号，对于短期记忆过程，双谱相干性表现出了显著性差异。因此，采用双谱相干分析脑电图信号的耦合，能够有效证明频段上的耦合是否存在显著性差异。除上述单通道信号之间的研究外，脑电图信号功能连接一直受到广泛关注。相干性（coherence）是一种量化两通道线性相关的方法，可以通过计算各个频段不同脑区之间的相干性来反映脑区间的功能连接强弱。

孤独症是一种复杂的脑疾病，Eldridge等对年龄范围为6~10岁的孤独症儿童和正常儿童进行分类，提取方差、功率谱等有差异的特征，采用逻辑回归和贝叶斯分类器进行分类，分类准确率达到79%。Bosl等以多尺度熵为特征向量，采用支持向量计算法，对正常儿童组和高危孤独症儿童组进行分类，分类准确率在80%左右。这些研究表明，一类特征可能很难对二者进行准确判断，因此，可以创新性地从多特征融合的角度分析孤独症儿童脑电图信号，利用支持向量机(support vector machine, SVM)对正常儿童和孤独症儿童进行分类，根据最大相关最小冗余算法(max-relevance and min-redundancy, mRMR)筛选出特征子集，进而构造有效的分类模型，提高分类精度，为临床评估和诊断提供可靠依据。

脑电生物反馈联合听觉统合训练治疗3~8岁孤独症儿童，能为临床康复方案提供循证依据。脑电生物反馈是对脑电活动的操作性的一种条件反射，它通过刺激大脑皮层正向抑制不良的脑电活动，有助于调节大脑特定位置的脑电活动。[7]脑电生物反馈判断受训者脑电信号的变化，并通过声音和画面变化反馈给受训者，使受训者接受反馈后调节脑电波形，从而达到正向调节脑电活动的目的，改善特殊儿童的注意力。研究发现，16~120 Hz范围脑电波可抑制相应的运动性活动，脑电生物反馈利用该原理正向调节相应的40 Hz γ脑电活动，从而调节大脑兴奋/抑制之间的平衡，降低θ/β比例，改善多动的临床症状，提高孤独症儿童的自我调节水平和能力。[8]对对照组患儿治疗前后进行比较发现，ABC评分明显降低，C-PEP3沟通能力评分、IVA-CPT综合控制力评分和综合注意力评分显著增加。这说明脑电生物反馈以多种游戏的形式训练患儿，能使患儿在舒适放松的气氛中得到训练，提高了患儿的配合度和锻炼兴趣，从而有效改善了其持续性注意力和多动行为。

儿童孤独症的重要表现之一为听觉异常行为，其偏执行为、言语不畅等症状与听觉异常行为有一定关联。[9]听觉统合训练通过训练患儿听觉,过滤或降低患儿敏感频率的音量,加强正常频率的训练,刺激脑部听觉神经,调节大脑对音频的动态平衡,以改善其语言、交流障碍和行为紊乱,[10]从而改善其孤独症临床症状,提高其智力的发育,具有较好的临床疗效。[11]

综上所述,脑电生物反馈结合听觉统合训练方法可以改善孤独症患儿的临床症状,包括其语言、社交、注意力、行为等在内的各项临床症状,具有较好的临床疗效,值得临床应用。

4.3 经颅磁刺激疗法在特殊儿童领域的应用

经颅磁刺激(TMS)是一种作用于大脑中枢神经系统的磁刺激技术。它通过改变脉冲磁场来重组大脑皮层神经元的膜电位,影响电流感应后大脑的内部代谢和神经电活动来实现治疗效果,是一种无创无痛的绿色疗法。随着现代医学技术的发展以及颅内磁刺激的出现和应用,越来越多的科学家认识到经颅磁刺激在临床精神病学、神经疾病和康复方面的杰出疗效。该疗法主要通过使用适当的频率来实现。高频(>1 Hz)主要刺激大脑兴奋,而低频(≤1 Hz)主要抑制脑神经。由于经颅磁刺激无痛和无创伤的物理特征,大脑被重建,其可以用来研究大脑功能和高认知功能。它与正电子发射断层显像(PET)、功能性磁共振成像(fMRZ)和脑磁图(MEG)一起被称为"21世纪四大脑科学技术"。

经颅磁刺激(如图4-4)基于电磁感应和电磁转换,强过渡电流线圈的刺激产生磁场来穿透颅骨,动态磁场被转换为感应电流。这种内源性反应电流刺激神经元产生一系列生理和生化反应。[12]经颅磁刺激是一种不需要使用电极,也不用直接接触人体的无创性刺激技术,其本质是一种颅内的感应电刺激,是一项无创且简便的现代医学技术。重复经颅磁刺激(rTMS)是一项通过变换刺激频率而达到兴奋或抑制大脑局部功能的技术,通过双向调节大脑兴奋与抑制功能之间的平衡来治疗疾病。高频率、高强度的重复经颅磁刺激,可以使大脑产生可兴奋的突触后电位的总和,从而导致刺激部位神经的异常兴奋。低频率、低强度的重复经颅磁刺激的作用则相反。重复经颅磁刺激利用大脑神经网络之间的联系和相互作用产生影响,不同患者的大脑功能需要不同的频率、强度、刺激部位和线圈方向来进行刺激,对症下药才能取得良好的治疗效果。重复经颅磁刺激作为一项重要的脑功能调控技术,已经成为当今开发脑功能的重要手段之一。

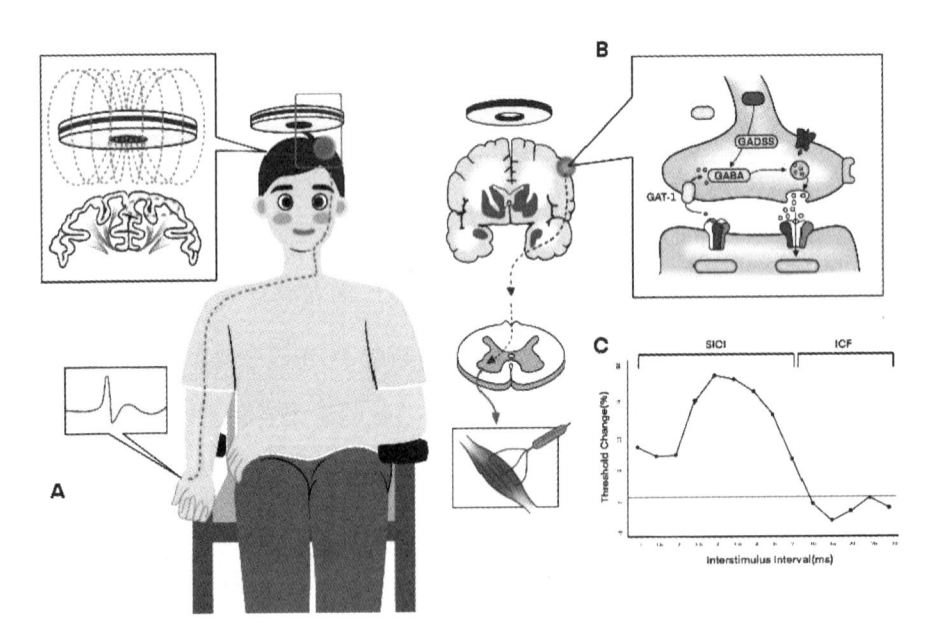

图4-4 经颅磁刺激的工作原理

重复经颅磁刺激是一种无创、无痛、安全、可靠且易于使用的治疗技术，在调节大脑功能、影响局部和远端皮质功能、实现局部皮肤功能降低、改变基因表达水平和多种神经递质方面发挥独特作用。这项技术在孤独症、Tourette综合征、脑瘫、儿童多动症、儿童焦虑症、儿童抑郁症和儿童精神分裂症的病理学方面变得越来越有效果。然而，必须充分考虑每种治疗技术的安全性和适用范围。由于不同疾病的治疗成分和参数不同，应考虑剂量和疗效之间的关系。国际经颅磁刺激协会多次修订重复经颅磁刺激治疗的安全性和范围指南，以确保重复经颅磁刺激与药物治疗、心理治疗和康复的最佳结合。以下患者应谨慎使用重复经颅磁刺激：有癫痫病史或脑电图显示癫痫变化者；安装了起搏器的患者；急性脑损伤、脑出血、脑梗死患者；颅内感染和有其他病史的患者；头骨中有金属和其他异物的患者；视网膜脱落患者。重复经颅磁刺激很有可能会诱发癫痫，其危险程度取决于剂量参数和个体因素。报纸上曾出现过高频(>10 Hz)重复经颅磁刺激诱发癫痫和躁狂的报道。为了尽量减少不良反应，建议为被试和操作人员配备耳机与必要的急救措施。

目前，接受重复经颅磁刺激疗效测试的人主要来自成人样本，这些治疗指南也针对成年患者。重复经颅磁刺激对精神障碍儿童治疗效果的评估主要是通过比较研究，可比性会受各种研究中不一致的治疗方案的影响，从而影响治疗结果的稳定性。目前，治疗儿童各种精神障碍的最佳参数尚未确定，而且儿童有自己的颅神经发育特点，在应用重复经颅磁刺激时应把刺激频率降低。从临床医学的角度来看，重复经颅磁刺激的治疗方案和治疗效果需要更多的多中心双盲、随机、安慰剂对照的临床研究证据以及Meta分析的总结和评价，并需要更多的疗效维持时间的研究。[13]

孤独症是人类神经系统发育异常的结果，但目前还没有研究表明其具体的病因。孤独症儿童常常伴有睡眠障碍,较差的睡眠质量会影响儿童的身心发育水平,容易引起疲劳、注意力不集中、易发怒、易冲动等情绪状态。减少孤独症儿童的睡眠障碍可以改善其临床症状,最终改善其行为问题。经颅磁刺激产生的交变磁场以几乎没有衰减的能量通过头皮、头骨和脑组织,在大脑中产生反向感应电流,刺激大脑网状结构睡眠控制区域的神经元件,并引起神经递质的传输等电生理和生化变化。它影响和抑制脑电的发生和传播,使大脑电活动达到生理平衡,加强大脑皮层自主神经中枢的调节,有效刺激睡眠期间大脑活动区域,控制睡眠过程,提高睡眠质量。这一过程还将促进身体和神经系统的发育,加速大脑中蛋白质的合成,创造和连接新的突触,改善孤独症儿童的临床症状,促进学习和记忆活动,从而促进认知模仿的发生。

研究表明,孤独症儿童接受经颅磁刺激治疗后,其临床症状有一定程度的改善:患儿更愿意亲近家人,喜欢与家人沟通,开始出现较为完整的语言体系;情绪相较于治疗前更稳定可控,易怒易失控的情况明显减少;原有的刻板行为也不同程度地减少或消失;睡眠时间得到延长,睡眠习惯也发生了改变。治疗后,儿童行为分析表、孤独症儿童评估表和儿童适应评估表中的各项指标都得到了改进。

经颅磁刺激可以定向调节人脑的皮层兴奋性和神经递质水平,产生与自然慢波相似的睡眠慢波,诱导特定的脑电活动,从多个方面缓解不同的失眠症状。其一,入睡困难:经颅磁刺激可以诱导人脑慢波脑电活动,调控兴奋水平,有效缩短入睡时间,缓解入睡困难的睡眠问题,从而提高睡眠质量,改善精神状态。其二,多梦、梦魇:这些问题与大脑的兴奋水平密切相关,经颅磁刺激可以根据症状对大脑皮层的活动水平进行定向调节,抑制异常兴奋的脑区,从而起到改善睡眠的效果。其三,片段式睡眠、醒后难以入睡等:

经颅磁刺激可以作用于睡眠周期的多个阶段,针对个体差异从多方面提高睡眠质量。其四,由于抑郁、焦虑等因素引起的失眠:经颅磁刺激既可以改善失眠,又可以改善抑郁和焦虑情绪。

经颅磁刺激诞生已有20多年,对它的研究已经从一开始的神经功能检测、诊断上升到神经功能干预、调制和治疗的新高度。随着脑科学、神经心理学、神经生物学、神经解剖学、神经实验学的不断发展,对经颅磁刺激作用的研究已深入拓展到细胞和分子水平,甚至已经能从分子水平上找到答案。世界各界学者将经颅磁刺激与自己擅长的领域结合后做了大量的实验研究,总结出神经信息转导、神经递质、离子通道、生化反应、细胞膜受体、细胞膜电位的时空总和、各种反馈环路、各种生理调节都参与了经颅磁刺激的各种细微机制调控的技术。经颅磁刺激不仅是一种大脑刺激技术,也是一种大脑神经调节技术,为临床治疗和脑科学研究拓展了空间,或许在不久的将来,也能在特殊儿童康复治疗领域起到关键作用。

4.4 经皮神经电刺激疗法在特殊儿童领域的应用

经皮神经电刺激(TENS)是于20世纪70年代根据疼痛闸门控制学说发展起来的。[14]近年来,人们还将其和数十个中医穴位结合,通过和针灸的结合来产生双重效益。这种疗法是通过皮肤将特定的脉冲电流注入人体内来缓解疼痛和治疗疾病的。这种疗法具有安全性高、镇痛效果好、避免针刺诱发传染性疾病的风险等优势,因此在临床应用和科研中备受青睐。随着研究的深入,经皮神经电刺激在减少痉挛、恢复运动功能和改善肺功能方面的应用越来越广泛。在临床上,经皮神经电刺激干预主要依赖于刺激强度,这取决于脉冲的大小、持续时间和频率。经皮神经电刺激可分为传感器、运动、伤害水平刺激几个部分。我们必须充分了解其刺激参数在各个临床领域的应用,选择最适合患者的治疗方法,以最大限度地提升患者的脑神经功能,确保其身心健康发展。如图4-5所示,经皮神经电刺激将电极贴在特定皮肤表面并施加脉冲电刺激,根据脉冲频率(刺激频率)、强度和持续时间进行调整。按照经皮神经电刺激装置提供的脉冲频率、持续时间、强度和类型(爆发型或连续型),不同刺激参数的组合可以产生以下四种主要的经皮神经电刺激模式:传统经皮神经电刺激、针刺样经皮神经电刺激、爆发性经皮神经电刺激和短暂强刺激型经皮神经电刺激。目前,前两种经皮神经电刺激模式广泛应用于临床,后两种模式研究甚少。

图4-5 经皮神经电刺激

①传统经皮神经电刺激(normal TENS)：高频、短脉冲持续时间、低强度。传统经皮神经电刺激的镇痛作用具有即时性，多用于急性创伤性疼痛(如围术期镇痛)，将电极放置于疼痛部位同侧的同一神经皮节内效果较为理想。临床上认为应用传统经皮神经电刺激时，应尽量使用病人可承受的最大电流强度(即可耐受的最大运动级感受，但不诱发疼痛感觉)，这样可显著提高压痛阈限，获取最佳的镇痛效果。

②针刺样经皮神经电刺激(acupuncture-like TENS)：低频、长脉冲持续时间、高强度。针刺样经皮神经电刺激与"以痛治痛"理论相关，被认为是一种伤害性刺激，电极一般放置于远离疼痛的穴位、运动关节、肌肉组织等。有研究表明，针刺样经皮神经电刺激较传统经皮神经电刺激镇痛作用起效晚，因此更适用于慢性疼痛的长期治疗。针刺样经皮神经电刺激的电流强度以病人疼痛耐受阈值为宜。

③爆发性经皮神经电刺激(burst mode TENS)：以低频率输送高频成串脉冲。

④短暂强刺激型经皮神经电刺激(brief intense TENS)：以高强度输送高频、长脉冲持续时间的脉冲。

SPARC计划官网发布的说明认为：全身的器官均由神经相互联系，器官的功能受神经信号的支配。调节这类信号的医学方法和医学设备对于高血压、心力衰竭、消化功能紊乱、2型糖尿病、免疫紊乱等多种疾病具备有力的潜在作用。如图4-6所示的人体神经系统对全身脏器的调节作用，中国针灸的核心之一是经络穴位理论，经皮穴位电刺激治疗的原理是通过对人体穴位进行电脉冲的刺激，利用穴位的低阻性直接进行刺激，使其传输到相应的脏器，直达病灶。

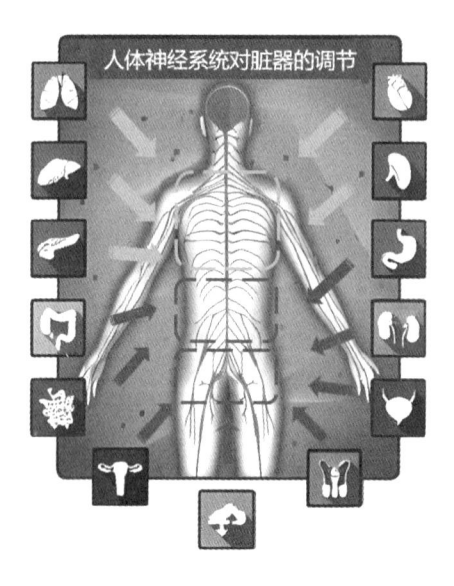

图4-6 神经系统对全身脏器的调节作用

造成孤独症的原因是多种多样的。目前,西方医学界认为孤独症是内外因相互作用,即遗传条件、染色体变异、免疫功能减弱、颅内组织和细胞结构异常、家庭环境和外界环境污染等因素相互作用的结果。孤独症儿童普遍存在社交障碍和重复的刻板行为等核心症状。现阶段,临床对该病的治疗方法虽多种多样,但尚无可以根治的特效方法。[15]中医认为,孤独症的病因包括先天和后天两个方面,先天为禀赋不足、肾精亏虚。后天为调养失当、脾虚运化失调,致精血欠缺、脑髓失充、神失所养、心窍不通;或肝失条达,肝主升,则升法不畅,致神明失用、神不守舍,从而发病。[16]其病位虽在脑,但与心、脾、肝、肾密切相关。"脑为元神之府,头为诸阳之会。"脑是主管语言、神志、记忆、情感、思维的主要场所。[17]现代医学认为,孤独症主要是大脑皮层功能失调,使智力发育、语言功能、情感行为等出现异常,而脑部为人体生命中枢,主宰人的各种思维活动和精神意识。[18]

人体经络是天然药物的储藏库。头部百会穴为督脉和足太阳经的交会穴，有醒神开窍、宁心安神的作用；四神针组穴有疏郁镇静、宁神开窍的作用；语言一、二、三区则可改善言语障碍；脑户穴的作用在于平肝熄风、醒神开窍；神门穴可补益心气、安神定志；内关穴有宽胸理气的作用；悬钟穴在疏肝益肾、舒筋活络上作用良好；涌泉穴功在滋阴熄风、醒脑开窍。同时，可辨证配穴，对症治疗，诸穴联用，共起平衡阴阳、调理脏腑之效。

电脉冲还可以刺激迷走神经，降低兴奋度，从而改善患儿的情绪问题；对肌肉的刺激，可促进血液循环，使大脑获得更好的血氧供应，有助于改善患儿的智力、语言、睡眠和行为问题。[19]康复教育可以引导孤独症儿童参与到活动中来。学习和训练对提高神经元的反应能力有积极的作用。早期的行为教育和丰富的环境有利于孤独症儿童神经的发育。康复教育包括应用行为分析疗法和结构化教学两部分，前者主要是矫正孤独症儿童的异常行为，促进其各项能力的发展；后者主要是利用孤独症儿童的视觉优势，加强其对周围环境的感知力和执行力，降低其对未知事物的焦虑紧张感，使其快速独立完成任务。[4]针对孤独症儿童的行为异常问题，可以将经皮穴位电刺激治疗与康复教育相结合，从而改善患儿的临床症状，提高治疗效率。

4.5 本章小结与展望

目前，国内外儿童孤独症发病率呈上升趋势。儿童孤独症病因多元，涉及多学科知识体系、多脏腑间联系。神经生理学研究的快速发展与应用，离不开现代电子技术、计算机科学和生物医学工程等学科的巨大推动作用。神经生理学不仅为各种精神疾病提供了快速、客观和有价值的诊断测试，还通过改变刺激频率来平衡大脑的刺激和抑制功能，以达到治疗疾病的目的。脑电图、诱发电位、颅内磁刺激等技术已经广泛运用到精神疾病的诊断和治疗中，对明确病因、诊断疾病、治疗疾病及康复训练具有重大意义，为孤独症的诊治和预后评估提供了新方向和新思路。

参考文献

[1] Haghighath, H., Mirzarezaeem, M., Araabibn, B. N., et al. Functional Networks Abnormalities in Autism Spectrum Disorder: Age-Related Hypo and Hyper Connectivity [J]. Brain Topography, 2021, 34(3): 306-322.

[2] 李洪华, 单玲, 杜琳, 等. 儿童孤独症谱系障碍的治疗研究进展 [J]. 中国当代儿科杂志, 2015, 17(8):886-892.

[3] 丁强, 孙锦华. 脑电生物反馈治疗注意缺陷多动障碍患儿疗效与学习的关系 [J]. 中华行为医学与脑科学杂志, 2019, 28(3):234-238.

[4] 李新剑, 仇爱珍, 金鑫, 等. 经颅重复高频磁刺激联合康复训练治疗小儿孤独症谱系障碍临床观察 [J]. 山东医药, 2016, 56(15):64-66.

[5] 封敏, 肖湘, 肖婷, 等. 以游戏为基础促进交流与行为的干预对孤独症谱系障碍幼儿的疗效 [J]. 中华实用儿科临床杂志, 2019, 34(8):604-608.

[6] 马晨欢, 王莎莎, 李孟凡, 等. 学习风格简介干预模式对孤独症谱系障碍患儿康复效果的评估 [J]. 中国儿童保健杂志, 2020, 28(4):482-485.

[7] Pineda, J. A., Karen, C., Mike, D., et al. Neurofeedback Training Produces Normalization in Behavioural and Electrophysiological Measures of High-

functioning Autism[J]. Philosophical Transactions of the Royal Society of London, 2014, 369(1644): 20130183-20130199.

[8]李梦青,姜志梅,李雪梅,等.rTMS结合脑电生物反馈对孤独症谱系障碍儿童刻板行为的疗效[J].中国康复,2018,33(2):114-117.

[9]崔梓天,彭子文,万国斌.孤独症儿童言语诱发的听性脑干反应与语言水平的相关研究[J].中国儿童保健杂志,2018,26(4):361-364.

[10]钱沁芳,欧萍,杨式薇,等.听觉统合训练对整体发育迟缓儿童语言及情绪-社会性的影响[J].中国康复医学杂志,2017,32(4):428-433.

[11]曹娟,周洋,陈一心.听觉统合训练联合应用行为分析对孤独症谱系障碍训练效果的影响[J].临床精神医学杂志,2021,31(5):370-373.

[12]柯晓殷,张英,操小兰,等.经颅磁刺激治疗后孤独症谱系障碍儿童表情识别过程神经活动的变化[J].中国心理卫生杂志,2019,33(6):406-410.

[13]钱胜,惠李,王文霞,等.经颅磁刺激技术在特殊儿童诊疗领域中的应用进展[J].新乡医学院学报,2016,33(11):996-1001.

[14]Melzack, R., Wall, P.D. Pain Mechanisms: A New Theory[J]. Science,1965,150(3699):971-979.

[15]马天.针刺十三鬼穴治疗抑郁症认知功能障碍的临床观察[J].中西医结合心血管病杂志,2017,5(28):184-185.

[16]赵宁侠,张宁勃,焦文涛,等.针刺配合利培酮片改善自闭症儿童异常行为疗效观察[J].陕西中医,2015,36(8):1070-1071.

[17]闻芳,庞姣,李小俚,等.经颅直流电刺激对孤独症谱系障碍儿童脑电的影响研究[J].中国生物医学工程学报,2019,38(5):566-572.

[18]颜华,张惠佳.经颅磁刺激在儿童脑功能障碍中的应用进展[J].中国康复理论与实践,2015,21(9):1049-1054.

[19]赵琴,邵智.经颅磁刺激在孤独症谱系障碍康复治疗中的研究进展[J].中国儿童保健杂志,2017,25(9):907-909.

第五章 特殊儿童力热干预技术

5.1 引言

著名的儿童心理学家让·皮亚杰(Jean Piaget)认为,婴幼儿的认知结构来源于听觉感知动作方案,借助于该方案,他们可以协调输入感知和动态响应,通过行动适应环境,逐步将感官运动内化,最终通过图像思维实现思维的质的飞跃。对于智力残疾、孤独症等类型的特殊儿童,由于其神经系统发育异常造成感知觉的失调,导致其对身体的控制能力较差,容易出现注意力无法集中、大脑和肢体的配合度不高等现象,在生活中会面临许多挑战,如与人沟通没有眼神交流、无法长时间安坐、手部操作技能较差、四肢协调能力差等,这直接限制了特殊儿童参与大众游戏和日常活动,对其未来心理建设的能力和运动技能的发展产生消极影响。幼儿期是个体生理、心理发展的高峰期,在这一时期进行力量训练、提高感统能力,有助于提高特殊儿童的自理能力和对外界的感知水平,有效改善其精神状态,提高其生活质量,使其未来能更好地融入社会,对特殊儿童身心健康发展有着显著影响。[1]

5.2 力学手段干预特殊儿童核心症状

5.2.1 动作技能发展对特殊儿童感知能力的影响

感知是感觉和知觉的总称。感觉是人脑对直接影响感觉器官行为目标的个人特征的反映。它可以分为两类：外部感官（视觉、听觉、嗅觉、味觉和皮肤感觉）和内部感官（身体感觉、平衡觉和运动觉）。知觉是人脑对所有直接影响感官的事物的整体属性的综合反映。知觉不仅可以反映个人特征，还可以反映个人特点。各种感官协同活动，可以将物体的特性有机地结合成一幅完整的画面。幼儿的感觉和知觉是幼儿认识世界、增长知识的门户。幼儿需要用各种感官去接触事物，对它们进行直接感觉才能形成认识。因此，要发展幼儿的记忆、想象和思维能力，提高他们的智力水平，首先要发展他们的感知能力，从发展感知能力入手促进幼儿智力水平的发展。

运动在儿童的日常生活中占有重要地位，积极参与体育活动有助于儿童的身体健康，可以促进儿童社交技能的发展，对儿童的身心发展具有积极影响。对于孤独症儿童等特殊儿童群体来说，运动机能发育的严重滞后，导致他们参与体育活动的机会减少，从而对提高他们的身体素质以及改善孤独症核心障碍产生不利影响。通过人为干预促使其运动能力的发展，不仅可以增强患儿体质，改善其精神状态，还能提高患儿的外部环境适应能力，对矫正其错误心理有着积极的作用。迄今为止，针对智力残疾以及孤独症等特殊儿童的行为干预手段较多，以提高感统能力和力量训练为基础的运动康复由于在改善其核心症状方面效果显著，受到人们越来越多的关注。

在特殊儿童群体中，孤独症儿童因为其障碍的复杂性而显得非常独特。

虽然目前人们已经非常熟悉孤独症儿童的核心症状,但是其动作技能发展水平对其核心功能障碍的影响往往被人忽略。孤独症儿童动作技能发展障碍通常表现为视动整合障碍及动作协调障碍等。相关研究表明,孤独症儿童的社会技能出现问题与动作技能发展障碍相关性很大。部分孤独症儿童动作技能发展障碍甚至随着年龄增长出现恶化趋势,影响孤独症儿童的身体活动水平、运动素质、社交能力、认知水平以及感觉功能等,这对其参加各类集体活动造成了负面影响,并相应减少了其获得人际语言交流、社会交往和建立友谊的机会,在一定程度上影响了孤独症儿童正常社会技能的形成,降低了孤独症儿童的身心健康水平,进而错过了其改善核心病症的机会。刘婷的研究结果表明,孤独症儿童的感觉功能发展与其动作技能表现之间存在一定的相关性。[2]动作技能的表现依赖于完整的感觉系统。不幸的是,大多数孤独症儿童的整合意识相对较低,这可能会影响他们与周围人沟通的能力。

儿童阶段是动作技能形成和运动素质提升的关键时期。在此背景下,国内外有关学者对儿童时期孤独症患儿进行运动干预,并研究了其对孤独症核心症状的改善情况。尽管目前动作发展障碍还未被医学界确定为孤独症的核心症状之一,但是越来越多研究表明,婴幼儿时期动作发展水平能够为孤独症早期筛查提供可视化线索。与单纯的运动迟缓引起的运动障碍不同,家长普遍认为孤独症儿童的运动障碍是由身体残疾引起的,因此忽视了对儿童行为发展的早期干预。谭思洁等人对孤独症高危儿的研究发现,儿童6个月时出现的坐姿控制障碍以及12~18个月大的儿童表现出的精细动作障碍与3岁时被确诊为孤独症之间存在着一定的相关性。国外相关研究亦表明,动作控制水平发育迟缓与孤独症核心症状的出现有一定的关联。[3]婴儿期出现精细动作不佳在一定程度上预示着孤独症高危儿核心症状的严重程度。此外,有证据表明,即使在社会问题出现之前,运动水平的提升也会放缓,这意味着运动障碍可能是孤独症的主要特征的基础。在儿童社交技能发展的关键阶段,运动障碍会影响个人和社会互动,并对其他重要症状产生负面影响。上述研究均表明,孤独症高危儿的核心症状与其早期表现出的动作技能发展障碍之间存在相关性。

5.2.2 运动干预对特殊儿童动作技能的影响

孤独症儿童发病率在全球范围内呈逐年上升的趋势,对孤独症进行早期干预的研究也越来越引起相关学者和患儿家长的重视。目前,研究人员主要针对孤独症儿童的刻板行为、社交障碍、语言和沟通行为障碍等核心症状进行相应的干预,并取得了一定的成果。由于发病机制的不明确及其症状的强特异性,以运动技能锻炼为基础的干预手段与药物治疗相比可能是更安全、有效的康复方案(如图5-1)。

图5-1 孤独症患儿进行力量训练

相关研究指出,通过早期运动行为干预可以有效促进孤独症儿童后期认知水平的发展,进而促进其沟通技能的提升。对孤独症儿童进行感统训练如图5-2所示。此外,强化的早期干预会显著改善孤独症症状的其他方面,包括智力水平、语言能力、游戏技能、适应行为和社会适应,即从孤独症转变为广泛性发展障碍(PDD-NOS)。[5]邢玉通过让孤独症儿童参与12周的大肌肉运动技能学习,显著改善了依据大肌肉运动技能评估(TGMD-3)所测试的粗大动作技能,但对依据M-ABC(2)所测试的精细动作技能并未显现明显效果。[6]Bremer等发现,有针对性地进行动作技能干预能够有效提高被试的动作发展水平测试的总分和物体控制技能。[7]在此基础上,Bremer的团队继续开展动作技能干预研究,研究对象为5名3~7岁的孤独症儿童,干预周期为12周,干预内容为儿童日常活动所需的动作技能。结果表明,所有被试儿童的位移技能均得到提升,3名被试儿童的物体控制技能得到提升。进一步

图5-2 感统训练

分析结果表明,参与者提高最多的技能是击打、跳跃、翻滚和接球。[8]Ketcheson等人的研究表明,长期(大于3个月)动作技能指导可以提升被试孤独症患儿动作技能发展中的位移动作技能和物体控制技能。[9]

Kaur等人使用瑜伽干预和写作干预对孤独症患儿进行了8周的康复治疗。结果发现,瑜伽干预让儿童BOT-2测试的总体运动技能得分有所提升,而写作干预则提升了儿童的精细动作技能。[10]还有研究证实,运动干预能在改善孤独症儿童动作技能的同时改善其体适能水平。[11]李旭对两名孤独症儿童的运动能力进行了为期14周的体育游戏干预,实验结束后两名孤独症儿童的上下肢力量、平衡能力、协调性都有所提高,与此同时他们的社交能力也有一定的提升。[12]Hilton等人对处于学龄期的7名孤独症儿童进行了30次(每周3次,共10周)的运动干预,参与的孤独症儿童的平均反应速度均有所提高,在工作记忆和元认知的执行功能区域以及力量和敏捷的运动区域均有显著改善。统计结果表明,孤独症儿童的执行功能与运动能力评分具有高度相关性。[13]MacDonald等人对41名9~18岁的孤独症青少年进行了连续5天的骑自行车训练,结果显示其腿部力量有所增强,并且85.4%的孤独症患者成功地展示了骑自行车100英尺的能力。[14]

上述研究表明,孤独症儿童可以通过积极参与体育活动来学习动作技能和提高健康水平,以此缩小与健康儿童动作技能的差距,改善其灵敏性、平衡性、协调性、爆发力、反应速度等体适能状况。

5.2.3 运动干预对特殊儿童动作技能的影响机制

4~8岁是儿童生长发育的关键时期,在此期间其动作技能和其他身体技能均呈现迅猛发展,动作技能与其他身体技能既相互独立又彼此联系。Sigmundsson等人研究发现,4~6岁儿童经M-ABC所测得的动作发展总分、精细动作总分及稳定技能总分与其身体素质有显著的相关性。[15]

力量素质是儿童运用物体控制技能的必备品格。在运动素质测试中，立定跳远既能反映儿童下肢肌肉的力量状况，还能反映儿童全身的协调性。儿童小肌肉群精细动作技能和粗大动作技能的发展有赖于全身协调性的发展。在立定跳远成绩与动作技能之间的关系研究方面，任莉莉等人发现，5~6岁学龄前儿童的立定跳远成绩与精细动作技能呈正相关。[16]李静等人研究发现，3~5岁儿童通过粗大动作发展测试（TGMD-2）所测得的物体控制技能也与立定跳远成绩呈正相关。[17]

儿童具备良好的运动协调能力是物体控制技能运用的前提条件，网球掷远测试主要考察儿童的上肢力量及腰腹肌力量，以充足的上肢力量和较强的物体控制技能为保障，在一定程度上也反映身体的稳定水平。在相关研究中，任莉莉等人发现，5~6岁学龄前儿童的网球掷远成绩与稳定性技能呈正相关。[16]胡水清等人研究发现，在3~6岁学龄前儿童中，网球掷远测试成绩与物体控制技能也呈现良好的相关性。[18]李静等人研究发现，3~5岁儿童通过粗大动作发展测试所测得的物体控制技能也与网球掷远成绩存在显著的正相关。[17]冯伟哲的研究发现，对孤独症儿童采取拍球加上肢力量的训练比单纯拍球训练更能提升拍球熟练度，这是由于上肢力量的增加，儿童拍球时手腕的控制能力变强，身体晃动的幅度较小，拍球动作更加协调。[19]

儿童的下肢肌肉力量以及全身协调能力都可以依靠双脚连续跳来反映。苏旭粮的研究发现，5~6岁孤独症儿童双脚连续跳成绩与M-ABC（2）所测试的物体控制技能及稳定性技能这两个粗大动作技能总分均呈现显著的正相关。这证明了孤独症儿童的双脚连续跳成绩较好时其粗大动作技能水平也会越高，[20]全身协调能力的发展在一定程度上促进了粗大动作技能的进一步发展。

3~6岁是儿童平衡能力的快速发展期,身体平衡系统随着年龄的增长而成熟。除了保持良好的平衡外,孩子还需要协调他们的视力和姿势,以提高他们在平衡木上行走的稳定性。如果他们的发展没有按计划进行,这可能会对他们获得更复杂运动技能的能力产生负面影响,并增加运动损伤的风险。吴升扣等人在其研究中也指出,儿童的静态平衡能力与动作技能间存在正相关。平衡能力与基本动作技能间存在良好相关性表明大脑功能的提升保证了基本动作技能的基础性发展。[21]

刘婷等人对23名孤独症儿童进行了持续数周的每天15分钟的中高强度有氧运动结合技巧的训练,干预结束后患儿的刻板行为明显下降,且持续效果也令人满意。[22]Movahedi等人对孤独症儿童进行了为期14周的空手道干预,最终达到了改善他们社会功能障碍的效果,并且其持续改善效果超过了30天的期望时长。[23]Bahrami的后续研究发现,空手道训练对改善孤独症儿童沟通缺陷也有显著的效果,且持续效果大于30天。[24]

完成精细动作的能力也是判断儿童动作技能的关键指标。精细动作能力是指儿童通过调动手指等部位的小肌肉或小肌肉群,并在感觉、知觉、注意等心理活动方面的配合下完成精细任务的能力。它对儿童适应生存及实现自身发展具有重要的意义。精细动作的执行虽然是简单的操作,但它需要感官和感知的参与,以及对协调的关注。精细动作需要通过大脑的计划和指挥,然后在手部小肌肉力量的协调和控制下实现,因此,手部感觉功能是影响精细动作的重要因素之一。通过两点识别和重量识别技术,可以评估孤独症儿童的复杂感觉,包括手臂和身体的感觉。研究表明,体育活动可以提高孤独症儿童的两种识别能力,提高对感官的敏感性将进一步提高大脑的识别能力。身体皮肤的特殊触觉受体接收到的触觉刺激被传递到孤独症儿童的中枢神经系统,以激活体内的副交感神经。当副交感神经达到兴奋状态时,身体在儿童的精神状态中趋于平静和稳定。研究证实,孤独症儿童在进行精细运动时,前额叶皮层被动作激活。在医学上,两点识别能力用于鉴别额叶的变化,其在一定程度上反映了额叶的功能,从而影响孤独症儿童的精细运动能力。运动干预可以充分改善孤独症儿童的中枢神经系统功能,促进其运动能力的发展。

5.2.4 动作技能对孤独症核心症状的影响机制

人控制和移动身体主要通过小脑参与完成。功能性核磁共振成像显示,孤独症儿童与正常儿童在大脑杏仁核区域存在显著差异。在认知和数据处理的任务中,孤独症儿童双侧梭状回的活跃区仅为25%左右,活跃区的信号交换率较低。孤独症儿童大脑运动区神经元活性低,其学习与运动能力差,可能与大脑结构和发育障碍有关。对孤独症儿童采用运动方案干预后,其核心症状可以得到整体性的改善,包括语言、社交、行为和感知觉等多项指标的改善。运动干预显著改善了孤独症儿童的行为和身体状况。人体活动需要视觉、听觉和身体感觉方面的参与合作。神经解剖学表明,动作、感觉和运动障碍与运动皮层、基底神经节、小脑发育障碍有关。体育运动可以充分刺激小脑,特别是球类运动项目,在运动过程中需要完成快速定位与抓取动作,可以提高儿童的眼睛追踪能力和手眼协调能力。执行力也会影响孤独症儿童的动作协调能力。相关证据表明,对于在执行力方面存在缺陷的孤独症儿童,可以通过体育活动刺激其感觉神经,加强其执行能力。通过各种球类等体育活动,改善了其与教师之间的互动,提高了其注意力和沟通能力。

5.3 热学手段干预脑瘫儿童核心症状

脑瘫,全称为"脑性瘫痪",是指婴儿在出生后一个月内大脑发育的早期阶段,由多种原因引起的非进行性脑损伤综合征,主要是中枢运动和姿势障碍,也可能伴有癫痫、感觉和感官障碍、言语障碍、智力障碍和精神健康障碍等(如图5-3)。它是导致儿童身体残疾的主要疾病之一。据国外报道,脑瘫的发病率约为1.8‰~4.9‰。中国0~6岁儿童脑瘫发病率约为2.48‰(2013年)。

脑瘫的症状多样,但绝大部分患儿均会出现下述典型症状:

① 运动发育落后:无论是粗大运动还是精细运动,都较同龄幼儿发育慢。

② 肌张力异常:多数表现为肌张力明显升高,极少表现为肌张力低下。

③ 姿势异常:姿势形式多样,常表现为仰卧位时头后仰,下肢伸直;俯卧位时四肢屈曲,臀部高于头部或抬头困难;直立悬空位时双腿交叉呈剪刀状,足尖下垂;行走时下肢呈X形,足尖着地,呈前冲姿势。

④ 反射异常:脑瘫患儿常表现出原始反射延缓消失、保护性反射减弱或延缓出现。这些反射包括拥抱反射、颈强直性反射、握持反射等。

上述症状长期得不到缓解会造成肌肉的挛缩及关节的变形。

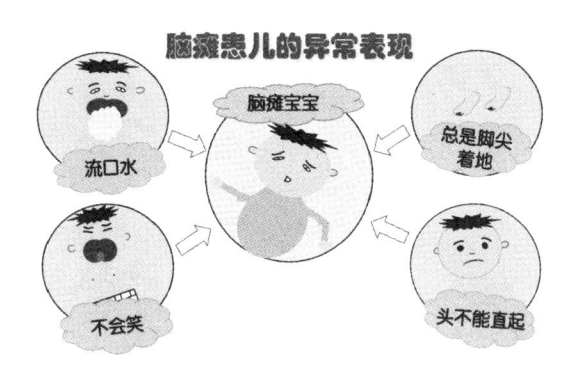

图5-3　脑瘫患儿常见症状

在各类脑瘫患儿中,痉挛型脑瘫所占比例最大,约为60%~70%。由于患儿肌张力的异常增高,使正常的运动技能发展受到影响,因此,减少肌张力、增加关节活动和促进正常运动发育是治疗痉挛型脑瘫的基本原则。其中,中药热浴疗法和热补针法结合推拿按摩和康复训练在缓解患儿肌张力方面有着显著效果。

顾秀玲等人采用中药热浴疗法对患儿进行温度刺激、液压机械刺激和化学刺激来缓解患儿肌肉痉挛,改善患儿身体微循环,增加其关节活动。这种方法可以增加皮肤的通透性,刺激患儿对中药成分和矿物质的吸收。结果显示,中药热浴疗法可显著缓解患儿的肌张力,使其平滑肌得到舒展,与对照组相比具有更佳的疗效。

俄罗斯医务人员在综合疗养治疗的基础上应用特制的"泥-热"治疗仪对1~3岁脑瘫幼儿进行相应治疗,其方法是采用强硫化物治疗泥结合加热器进行泥疗,并与二氧化碳-硫化氢浴交替进行。经治疗,脑瘫患儿头部竖立情况(100%)、坐立技能(75%)和步态(45%)有所改善,并且有92.5%患儿痉挛的肌张力有所降低。疗程结束后,所有受检肌肌电图的波幅均有所增高,病理性反馈减少40%。[25]

张宁霞等人采用热补针法结合Bobath疗法对脑瘫患儿运动发育功能的影响进行研究,康复组患儿只接受Bobath康复手法训练,热补针法结合康复组患儿在采用热补针法治疗的同时结合Bobath康复手法训练。[26]热补针法结合康复组患儿治疗6个月后,其姿势、移动、实物操作、抓握评分与治疗前及治疗3个月后相比,均显著升高($p<0.05$),视觉-运动整合评分与治疗前相比明显升高($p<0.05$)。结果表明,该方法对改善脑瘫儿童的粗大运动功能和精细运动能力均有显著效果。

冉鹏飞对脑瘫儿童进行热补针法结合康复训练的结果表明,通过针刺大脑皮层相应区域可以刺激大脑局部供血系统,促进脑细胞代谢,恢复临界脑细胞功能,最终改善患儿的核心症状。[27]

5.4 本章小结与展望

综上所述,运动干预对提高特殊儿童协调能力和改善特殊儿童主要症状产生了积极影响。家长应高度重视处于婴幼儿期的孩童动作协调能力的发展状况,如果发现动作技能发展异常,应尽早进行运动干预以期取得良好效果。对于孤独症康复机构来说,对孤独症儿童进行康复训练的过程中应适当增加体育活动。制定详细的方案时需要充分考虑孤独症儿童协调行动能力的发展,并根据孤独症儿童身心发展的具体情况和实际结果进行优化和有效干预。

孤独症儿童运动技能发展滞后对其感知能力的提升造成了不利影响,这进一步制约了孤独症儿童社会技能的发展,是加剧孤独症核心症状的原因之一。通过力量训练等手段提升孤独症儿童的运动技能可以显著提升孤独症儿童的社交技能，是孤独症康复训练的主要手段。但是目前大部分康复机构对孤独症儿童进行粗大动作锻炼的强度还远未达到提升运动技能的要求，而且多采用被动运动的方式，没有考虑运动技能的形成规律，缺乏循序渐进的训练方式和阶段性的训练目标，造成运动能力培养效果堪忧。在特殊教育中综合运用运动学、神经科学、心理学等多学科的系统研究成果，针对孤独症儿童的临床表现制定相应的干预方案，势必会取得更好的效果。热补针法、泥-热疗法以及中药热浴疗法等手段结合康复训练在缓解脑瘫患儿肌张力、恢复其肢体基本功能、改善其运动功能等方面具有独特的优势，可作为对脑瘫患儿进行药物治疗、手术治疗的主要辅助手段。

参考文献

[1] 邓俊丽，于立群. 自闭抑或他闭：优势视角下孤独症儿童社会化问题及对策研究——一项针对孤独症儿童训练中心的观察[J]. 内蒙古工业大学学报(社会科学版)，2015，24(1)：12-15.

[2] Ting Liu. Sensory Processing and Motor Skill Performance in Elementary School Children With Autism Spectrum Disorder[J]. Perceptual and Motor Skills, 2013, 116(1):197-209.

[3] LeBarton, E. S., Landa, R. J. Infant Motor Skill Predicts Later Expressive Language and Autism Spectrum Disorder Diagnosis[J]. Infant Behavior & Development, 2019, 54: 37-47.

[4] MacDonald, M., Lord, C., Ulrich, D.A. The Relationship of Motor Skills and Social Communicative Skills in School-Aged Children With Autism Spectrum Disorder[J]. Adapted Physical Activity Quarterly, 2013, 30(3): 271-282.

[5] Geraldine Dawson, Sally Rogers, Jeffrey Munson, et al. Randomized, Controlled Trial of an Intervention for Toddlers With Autism: The Early Start Denver Model[J]. Pediatrics, 2010, 125(1): 17-23.

[6] 邢玉.大肌肉运动技能学习对自闭症谱系障碍儿童基本运动技能的影响[J].首都体育学院学报,2020,32(1):13-17.

[7] Bremer, E., Balogh, R., Lloyd, M. Effectiveness of a Fundamental Motor Skill Intervention for 4-year-old Children With Autism Spectrum Disorder: A Pilot Study[J]. Autism, 2015, 19(8): 980-991.

[8] Bremer, E., Lloyd, M. School-Based Fundamental-Motor-Skill Intervention for Children With Autism-Like Characteristics: An Exploratory Study[J]. Adapted Physical Activity Quarterly, 2016, 33(1): 66-88.

[9] Ketcheson, L., Hauck, J., Ulrich, D. The Effects of an Early Motor Skill Intervention on Motor Skills, Levels of Physical Activity, and Socialization in Young Children With Autism Spectrum Disorder: A Pilot Study[J]. Autism, 2017, 21(4): 481-492.

[10] Kaur, M., Bhat, A. Creative Yoga Intervention Improves Motor and Imitation Skills of Children With Autism Spectrum Disorder [J]. Physical Therapy, 2019, 99(11): 1520-1534.

[11] Pan, C. Y. The Efficacy of an Aquatic Program on Physical Fitness and Aquatic Skills in Children With and Without Autism Spectrum Disorders[J]. Research in Autism Spectrum Disorders, 2011, 5(1): 657-665.

[12] 李旭.体育游戏对自闭症儿童运动能力的影响研究[D].长春:吉林大学,2016.

[13] Hilton, C. L., Cumpata, K., Klohr, C., et al. Effects of Exergaming

on Executive Function and Motor Skills in Children With Autism Spectrum Disorders: A Pilot Study [J]. The American Journal of Occupational Therapy: Offical Publication of the American Occupational Therapy Association, 2014, 68(1): 57-65.

[14] MacDonald, M., Esposito, P., Hauck J., et al. Bicycle Training for Youth With Down Syndrome and Autism Spectrum Disorders [J]. Focus on Autism & Other Developmental Disabilities, 2012, 27(1): 12-21.

[15] Sigmundsson, H., Haga, M. Motor Competence is Associated With Physical Fitness in four- to six-year-old Preschool Children [J]. European Early Childhood Education Research Journal, 2016, 24(3): 477-488.

[16] 任莉莉,张柳.家庭支持对残疾儿童康复影响分析——基于残疾儿童家庭个案分析[J].中国校外教育,2015(32):34.

[17] 李静,刁玉翠,孙梦梦,等.3~5岁幼儿基本动作技能与体能的关系研究[J].中国体育科技,2019,55(6):52-58.

[18] 胡水清,王欢,李一辰.北京市3~6岁儿童国民体质测试成绩与粗大动作技能发展的关系[J].中国体育科技,2018,54(5):32-37.

[19] 冯伟哲.上肢力量训练对特殊儿童拍球熟练度的影响研究[D].西安:西安体育学院,2021.

[20] 苏旭粮.10周运动干预对中度自闭症儿童动作发展水平的影响及相关机制研究[D].天津:天津体育学院,2021.

[21] 吴升扣,姜桂萍,张首文,等.3~6岁幼儿静态平衡能力特征及粗大动作发展水平研究[J].中国运动医学杂志,2014,33(07):651-657.

[22] Ting Liu, Anne, T. Fedak, and Michelle Hamilton. Effect of Physical Activity on the Stereotypic Behaviors of Children With Autism Spectrum Disor-

der[J]. International Journal of School Health, 2016: 17-22.

[23] Movahedi, A., Bahrami, F., Marandi, S.M., et al. Improvement in Social Dysfunction of Children With Autism Spectrum Disorder Following Long Term Kata Techniques Training[J]. Research in Autism Spectrum Disorders, 2013, 7(9): 1054-1061.

[24] Bahrami, F., Movahedi, A., Marandi, S.M., et al. The Effect of Karate Techniques Training on Communication Deficit of Children With Autism Spectrum Disorders[J]. Journal of Autism & Developmental Disorders, 2016, 46(3): 978-986.

[25] 孙星炯."泥-热"疗法综合治疗脑瘫患儿[J].国外医学(物理医学与康复学分册),2004(4):178.

[26] 张宁霞,王翔宇,刘桂珍,等.热补针法结合Bobath疗法的个性化治疗方案对脑瘫患儿运动发育功能的影响:随机对照研究[J].针刺研究,2014,39(4):318-323.

[27] 冉鹏飞.探讨热补针法结合康复训练治疗小儿脑瘫的疗效[J].中国实用医药,2016,11(13):282-283.

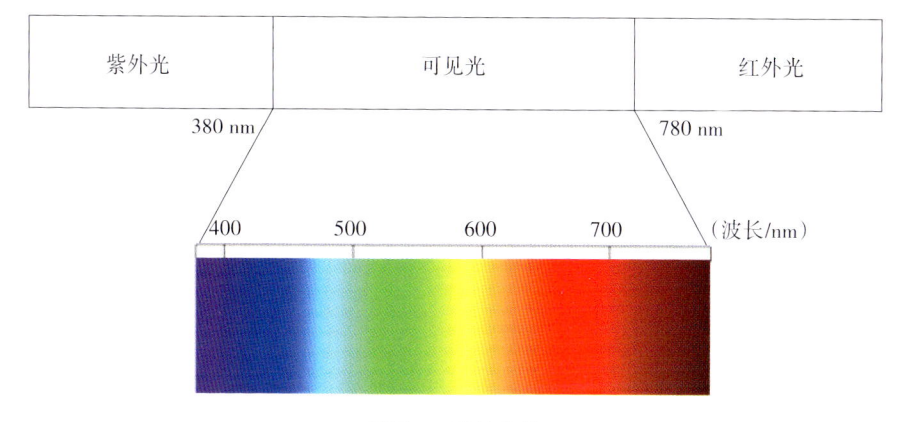

插图1　光的分类

插图2　人造光

插图3　暖光环境

插图4　紫外光环境

1

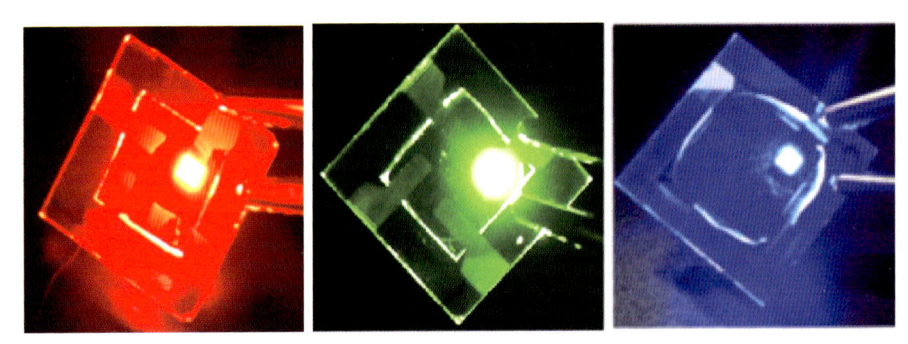

插图5　定制光源

插图6　不同色彩环境光下正常儿童和特殊儿童的偏好测试场景

插图7　儿童使用画笔作画

插图8　计算机视觉识别